西方生命美学经典名著导读丛书

潘知常
主编

人构建符号的宇宙

卡西尔《人论》导读

曹晖 著

江苏凤凰文艺出版社

图书在版编目（CIP）数据

人构建符号的宇宙：卡西尔《人论》导读 / 曹晖著.—南京：江苏凤凰文艺出版社，2023.2
（西方生命美学经典名著导读丛书）
ISBN 978-7-5594-7194-9

Ⅰ.①人… Ⅱ.①曹… Ⅲ.①卡西勒(Cassirer,Ernst 1874-1945)—哲学思想—研究 Ⅳ.①B516.59

中国版本图书馆 CIP 数据核字（2022）第 177422 号

人构建符号的宇宙：卡西尔《人论》导读

曹晖 著

出 版 人	张在健
责任编辑	孙金荣
责任印制	刘 巍
出版发行	江苏凤凰文艺出版社
	南京市中央路165号，邮编：210009
网 址	http://www.jswenyi.com
印 刷	苏州市越洋印刷有限公司
开 本	787毫米×1092毫米 1/32
印 张	8.5
字 数	174千字
版 次	2023年2月第1版
印 次	2023年2月第1次印刷
书 号	ISBN 978-7-5594-7194-9
定 价	45.00元

江苏凤凰文艺版图书凡印刷、装订错误，可向出版社调换。联系电话 025-83280257

"生命为体,中西为用"
——"西方生命美学经典名著导读丛书"序言

潘知常

众所周知,中国当代的生命美学是改革开放四十年中较早破土而出的美学新探索。从1985年开始,迄今已经是第三十六年,已经问世三分之一世纪。但是,中国当代的生命美学却并不是天外来客、横空出世。我多次说过,在这方面,中国20世纪初年从王国维起步的包括鲁迅、宗白华、方东美、朱光潜在内的生命美学探索堪称最早的开拓,源远流长的中国古代美学则当属源头。同时,西方19世纪上半期到20世纪上半期出现的生命美学思潮,更无疑心有灵犀。遗憾的是,这一切却很少有学人去认真考察。例如,李泽厚先生就是几十年一贯制地开口闭口都把生命美学的"生命"贬为"动物的生命"。而且,作为中国当代最为著名的美学大家,后期的他尽管一直生活在美国,不屑于了解中国自古迄今的生命美学也就罢了,但是对于西方的生命美学也始终不屑去了解,实在令人惊叹。当然,这也并非孤例,例如,德国学者费迪南·费尔曼就发现:"就是在今天,生命哲学对许多人来说仍然是十分可疑的现象:最常听到的批判是生命哲学破坏理性,是非理性主义和早期法西斯主义。"①为此,他更不无痛心地警示:"如果到现在还有人这么想问题,应该说是故意抬高了精神的敌人。"②一般而言,在西方,对于生命美学的提倡,最早的源头,也许可以追溯到奥古斯丁的《忏悔录》。而在18世纪下半叶,德国浪漫主义美学家奥古斯特·施莱格尔和弗里德里希·施莱格尔兄弟在《关于文学与艺术》和《关于诗的谈话》中则都已经用过生命哲学这个概念。而且,小施莱格尔在他的《关于生命哲学的三次讲演》中也提到了生命哲学。当然,按照西方美学史上的通用说法,在西方,到了19世纪上半期,生命美学才开始破土而出。不过,有人仅仅把西方的生命美学称为一个学派,其中包括狄尔泰、齐美尔、柏格森、奥伊肯、怀特海等人,或者,再加上叔本华和尼采。我的意见则完全不然。在我看来,与其把西方生命美学看作一个严格意义上的学派,不如把它看作一个宽泛意义上的思潮。这是因为,在形形色色的西方各家各派里,某些明确提及生命美学的美学,其实也并不一定完全具备生命美学的根本特征,而有些并没有明确提及生命美学的美学,却恰恰完全具备了生命美学的根本特征。这是因为,西方美学,到尼采为止,一共出现过三种美学追问方式:神性的、理性的和生命(感性)的。也就是说,西方曾经借助了三个角度追问审美与艺术的奥秘:以"神性"为视界、以

---

① [德]费迪南·费尔曼:《生命哲学》,李健鸣译,华夏出版社2002年版,第2页。
② [德]费迪南·费尔曼:《生命哲学》,李健鸣译,华夏出版社2002年版,第2页。

"理性"为视界以及以"生命"为视界。正是从尼采开始,以"神性"为视界的美学终结了,以"理性"为视界的美学也终结了,而以"生命"为视界的美学则正式开始了。具体来说,在美学研究中,过去"至善目的"与神学目的都是理所当然的终点,道德神学与神学道德,以及理性主义的目的论与宗教神学的目的论则是其中的思想轨迹。美学家的工作,就是先以此为基础去解释生存的合理性,然后,再把审美与艺术作为这种解释的附庸,并且规范在神性世界、理性世界内,并赋予其不无屈辱的合法地位。理所当然的,是神学本质或者伦理本质牢牢地规范着审美与艺术的本质。显然,这都是一些神性思维或者"理性思维的英雄们",当然,也正如叔本华这个诚实的欧洲大男孩慨叹的:"最优秀的思想家在这块礁石上垮掉了。"[①]然而,尼采却完全不同。正如巴雷特发现:"既然诸神已经死去,人就走向了成熟的第一步。""人必须活着而不需要任何宗教的或形而上学的安慰。假若人类的命运肯定要成为无神的,那么,他尼采一定会被选为预言家,成为有勇气的不可缺少的榜样。"[②]尼采指出:审美和艺术的理由再也不能在审美和艺术之外去寻找,这也就是说,神性与理性,过去都曾经一度作为审美与艺术得以存在的理由,可是现在不同了,尼采毅然决然地回到了审美与艺术本身,从审美与艺术本身去解释审美与艺术的合理性,并且把审美与艺术本身作为生命本身,

---

① [德]叔本华:《自然界中的意志》,任立等译,商务印书馆1997年版,第146页。
② [美]巴雷特:《非理性的人》,杨照明等译,商务印书馆1999年版,第183页。

或者,把生命本身看作审美与艺术本身,结论是:真正的审美与艺术就是生命本身。人之为人,以审美与艺术作为生存方式。"生命即审美","审美即生命"。也因此,审美和艺术不需要外在的理由——我说得犀利一点,并且也不需要实践的理由。审美就是审美的理由,艺术就是艺术的理由,犹如生命就是生命的理由。于是,西方美学家们终于发现:天地人生,审美为大。审美与艺术,就是生命的必然与必需。在审美与艺术中,人类享受了生命,也生成了生命。这样一来,审美活动与生命自身的自组织、自协同的深层关系就被第一次发现了。因此,理所当然的是,传统的从神性、理性去解释审美与艺术的角度,也就被置换为从生命的角度。在这里,对于审美与艺术之谜的解答同时就是对于人的生命之谜的解答的觉察,回到生命也就是回到审美与艺术。生命因此而重建,美学也因此而重建。生命,是美学研究的"阿基米德点",是美学研究的"哥德巴赫猜想",也是美学研究的"金手指"。从生命出发,就有美学;不从生命出发,就没有美学。它意味着生命之为生命,其实也就是自鼓励、自反馈、自组织、自协同而已,不存在神性的遥控,也不存在理性的制约。美学之为美学,则无非是从生命的自鼓励、自反馈、自组织、自协同入手,为审美与艺术提供答案,也为生命本身提供答案。也许,这就是齐美尔为什么要以"生命"作为核心观念,去概括19世纪末以来的思想演进的深意:"在古希腊古典主义者看来,核心观念就是存在的观念,中世纪基督教取而代之,直接把上帝的概念作为全部现实的源泉和目的,文艺复兴以来,这种地位逐渐为自然的概念所占据,17世纪围绕着自然建立起了自己的观念,这在当时实际上是唯一有效的观念。直到这个时代的末期,自我、灵魂的个性才作为一个新的核心观念而出现。不管19世纪的理性主义运动多么丰富多彩,也还是没有发展出一种综合的核心概念。只是到了这个世纪的末叶,一个新的概念才出现:生命的概念被提高到了中心地位,其中关于实在的观念已经同形而上学、心理学、伦理学和美学价值联系起来了。"①波普尔说过:"我们之中的大多数人不了解在知识前沿发生了什么。"②同样,在我看来,"我们之中的大多数人"也不了解在当代美学研究"知识前沿发生了什么"。可是,倘若从生命美学思潮着眼,却不难发现,在"尼采以后",西方美学始终都在沿袭着"生命"这一主旋律。例如,柏格森、狄尔泰、怀特海等是把美学从生命拓展得更加"顶天";弗洛伊德、荣格等是把美学从生命拓展得更加"立地";海德格尔、萨特、舍勒等是把美学从生命拓展得更加"内向";马尔库塞、阿多诺等是把美学从生命拓展得更加"外向";后现代主义的美学则是把美学从生命拓展得更加"身体"。而且,其中还一以贯之了共同的东西,这就是:从生命存在本身出发而不是从理性或者神性出发去阐释生命存在的意义,并且以审美与艺术作为生命存在的最高境界;或者,把生命还原为审美与艺术,并且进而在此基础上追问生命存在的意义。而在他们之后,诸如贝尔的艺术论、新

---

① [德] 西美尔(齐美尔):《现代文化的冲突》,引自刘小枫编:《现代性中的审美精神》,学林出版社1997年版,第418—419页。
② [英] 波普尔:《客观知识》,舒炜光等译,上海译文出版社1987年版,第102页。

批评的文本理论、完形心理学美学、卡西尔和苏珊·朗格的符号美学……也都无法离开这一主旋律。而且,正是因为对于这一主旋律的发现才导致了对于审美活动的全新内涵的发现,尤其是对于审美活动的独立性内涵的发现。不可想象,倘若没有这一主旋律的发现,艺术的、形式的发现会从何而来。例如,从美术的角度考察的"有意味的形式",从文学的角度考察的新批评,从形式的表现属性的角度考察的格式塔,从广义的角度即抽象美感与抽象对象考察的符号学美学……等等。

再回看中国。自古以来,儒家有"爱生",道家有"养生",墨家有"利生",佛家有"护生",这是为人们所熟知的。牟宗三在《中国哲学的特质》一书中也指出:"中国哲学以'生命'为中心。儒道两家是中国所固有的。后来加上佛教,亦还是如此。儒释道三教是讲中国哲学所必须首先注意与了解的。二千多年来的发展,中国文化生命的最高层心灵,都是集中在这里表现。对于这方面没有兴趣,便不必讲中国哲学。对于以'生命'为中心的学问没有相应的心灵,当然亦不会了解中国哲学。"也因此,一种有机论的而不是机械论的生命观、非决定论的而不是决定论的生命观,就成为中国人的必然选择。在其中,存在着的是以生命为美,是向美而生,也是因美而在。在中国是没有创世神话的,无非是宇宙天地与人的"块然自生"。一方面,是天地自然生天生地生物的一种自生成、自组织能力,所谓"万类霜天竞自由",另一方面,也是人类对于天地自然生天生地生物的一种自生成、自组织能力的自觉,也就是能够以"仁"为"天地万物之心"。而且,这自觉是在生生世世、永生永远以及有前生、今生、来生看到的万事万物的生生不已与逝逝不已所萌发的"继之者善也,成之者性也""参天地、赞化育"的生命责任,并且不辞以践行这一责任为"仁爱",为终生之旨归,为最高的善,为"天地大美"。这就是所谓:"一阴一阳之谓道"。重要的不是"人化自然"的"我生",而是生态平衡的"共生",是"阴阳相生""天地与我为一,万物与我并存",是敬畏自然、呵护自然,是守于自由而让他物自由。《论语》有言:"子罕言利,与命与仁"。在此,我们也可以变通一下:罕言利,与"生"与"仁"。在中国,宇宙天地与人融合统会为了一个巨大的生命有机体。而天人之所以可以合一,则是因为"生"与"仁"在背后遥相呼应。而且,"生"必然包含着"仁"。生即仁,仁即生。由此不难想到,海德格尔晚年在回首自己的毕生工作时,曾经简明扼要地总结说:"主要就只是诠释西方哲学。"确实,这就是海德格尔。尽管他是从对西方哲学提出根本疑问来开始自己的独创性的工作的,然而,他的可贵却并不在于推翻了西方哲学,而是恰恰在于以之作为一种极为丰富的精神资源,从而重新阐释西方哲学、复活西方哲学,并且赋予西方哲学以新的生命。显然,中国美学,也同样期待着"诠释"。作为一个内蕴丰富的文本(不只是文献),事实上,中国美学也是一种极为丰富的精神资源,不但千百年来从未枯竭,而且越开掘就越丰富。因此,越是能够回到中国美学的历史源头,就越是能够进入人类的当代世界;越是能够深入中国美学之中,也就越是能够切近 20 世纪的美学心灵。这样,不难看到,重新阐释中国美学,复活中国美学,并且赋予中国美学以新的生命,或者说,"主要就只是诠释中国美学",无疑也应成为从 20 世纪初年出发的几代美学学者的根本追求,其重大意义与学术价值,显然无论怎样估价也不会过高。然而,中国美学的现代诠释,也有其特定的阐释背景。经过百年来的艰难探索,美学学者应该说已经取得了一个共识,这就是:中国美学的历史实际上是一部与后人不断"对话"的历史,一部永无终结的被再"阐释"、再"释义"和再"赋义"的历史。而20世纪的一代又一代的美学学人的"不幸"与"大幸"却又都恰恰在于:西方生命美学思潮的作为诠释背景的出现。一方面,我们已经无法在无视西方生命美学思潮这一诠释背景的前提下与中国美学传统对话,这是我们的"不幸";然而另一方面,我们却又有可能在西方生命美学思潮的诠释背景下与中国美学进行新的对话,有可能通过西方生命美学思潮对中国美学进行再"阐释"、再"释义"和再"赋义"(当然也可以通过中国美学对西方生命美学思潮进行再"阐释"、再"释义"和再"赋义"),从而把中国美学在过去的阐释背景中所无法显现出来的那些新性质充分显现出来,最终围绕着把中国美学与西方美学都共同带入富有成果的相互启发之中这一神圣目标,使中国美学从蒙蔽走向澄明,走向意义彰显和自我启迪,并且使其自身不断向未来敞开,达到古今中外的"视界融合",从而把握今天的时代问题,解释人类的当代世界,这,又是我们的"大幸"!由此出发,回顾20世纪,其中以西方生命美学思潮作为参照背景对中国美学予以现代诠释,应该说,就是一个最为值得关注而且颇值大力开拓的思路。何况,从王国维到鲁迅、宗白华、方东美,再到当代的众多学人,无疑也都走在这样一条思想的道路之上。他们都是从生命存在本身出发而不是从理性或者神性出发去阐释生命存在的意义,并且以审美与艺术作为生命存在的最高境界;或者,都是把生命还原为审美与艺术,并且进而在此基础上追问生命存在的意义。也因此,他们也都是不约而同地一方面立足于中国古代的生命美学,一方面从西方的生命美学思潮起步。至于朱光潜,在晚年时则曾经公开痛悔,因为他的起步本来就是从叔本华、尼采开始的,但是,后来却因为胆怯,于是才转向了克罗齐。由此,我甚至愿意设想,以朱先生的天赋与造诣,如果始终坚持一开始的选择,不是悄然退却,而是持续从叔本华、尼采奋力开拓,他的美学成就无疑应该会更大。换言之,"后世相知或有缘"(陈寅恪),"生命为体,中西为用",在中国当代美学的历史抉择中,也就理所当然地成了一条首先亟待考虑的康庄大道。西方生命美学思潮,是西方美学传统的终点,又是西方现代美学的真正起点,既代表着对西方美学传统的彻底反叛,又代表着对中国美学传统的历史回应,这显然就为中西美学间的历史性的邂逅提供了一个契机。抓住这样一个契机——中国美学在新世纪获得新生的一个契机,无疑有助于我们真正理解西方美学传统,也无疑有助于我们真正理解中国美学传统,更无疑有助于我们真正地实现中西美学之间的对话,从而在对话中重建中国美学传统。同时,之所以提出这一课题,还无疑是有鉴于一种对于学术研究自身的深刻反省。学术研究之为学术研究,重要的不仅仅在于要有所为,而且更在于要有所不为。每个时代、每个人都面对着历史的机遇,但是同时也面对着历史的局限。因此,也就都只能执"一管以窥天"。这样,重要的就不是"包打天下",而是敏捷地寻找到自己所最为擅长的"一管",当然也是最为重要的"一管"。西方生命美学思潮的作为阐释背景的出现,应该说,就是这样的"一管"(尽管,这或许是前一百年无法去执而后一百年也许就不必再去执的"一管"),也是我们在跨入新世纪之后所亟待关注的"一管"。这就犹如中国人接受佛教思想的影响,犹如吃了一顿美餐,而且这顿美餐被中国人竟然吃了一千年之久。其中,最为重要的成果则是佛教思想中的大乘中观学说在中国开出的华严、天台、禅宗等美丽的思想之花。因此,在比拟的意义上,我们甚至可以说,西方生命美学思潮就正是当代的大乘中观学说,也正是悟入中国思想与西方思想之津梁。这样一来,对于西方生命美学思潮的深入了解,也就成了当务之急。而且,"生命为体,中西为用",进而言之,中国生命美学传统与西方生命美学思潮之间的对话,在我看来,起码就包括三个层面。首先是对于西方生命美学思潮与中国生命美学传统之间的内在的交会、融合、沟通加以历史的考察,亟待说明的是:在明显不同的社会历史、文化传统、思想历程中,西方生命美学思潮何以呈现出与中国生命美学传统的某种极为深刻的内在的交会、融合、沟通?其次是对于西方生命美学思潮与中国生命美学传统之间的内在的交会、融合、沟通加以比较的研究,从而把中国生命美学传统与西方生命美学思潮各自在过去的阐释背景中所无法显现出来的那些新性质充分显现出来,做到:借异质的反照以识其本相,并彰显其独特之处。最后是对于西方生命美学思潮与中国生命美学传统之间的内在的交会、融合、沟通加以理论的考察,并由此入手,去寻求中西美学会通的新的可能性和新的道路,从而深化对于中国美学和西方美学的理解,达到古今中外的"视界融合",以把握今天的时代问题,解释我们的世界,为解决当代美学所面临的共同问题作出独特贡献。"西方生命美学经典名著导读丛书"的出版之初衷也正是如此！中国生命美学传统与西方生命美学思潮之间的对话无疑是一个大工程,非一日之功,也不可能毕其功于一役。为此,作为基础性的工程,我们所选择的第一步,是出版"西方生命美学经典名著导读丛书"。这是因为,只有经典名著,才是美学研究中的"热核反应堆",也只有经典名著的学习,才是美学研究中的硬功夫。这就正如费尔巴哈所说：人就是他吃的东西。因此,每个人明天所成为的,其实也就是他今天所吃下的。也犹如布罗姆所说：莎士比亚与经典一起塑造了我们。借助经典名著,中国的美学与西方美学也在一起塑造着我们。它们凝聚而成了我们的美学家谱与心灵密码。在此意义上,任何一个美学学人都只有进入经典名著,才有机会真正生活在历史里,历史也才真正存在于我们的生活里,未来也才向我们走来。我们的具体的做法,则是选取西方的二十位与西方的生命美学思潮直接相关的著名美学家的经典名著,再聘请国内的二十位对于相关的名家名著素有研究的美学专家,为每一部经典名著都精心撰写一部学术性的导读。我们期待,借助于这些美学专家的"导读",能够还原其中的所思所想、原汁原味,能够呈现其中的深度、厚度、广度和温度,并且希望能够跟读者一起去关注这些西方的生命美学经典名著怎样提出问题（美学的根本视界,所谓美学的根本规定）、怎样思考问题（美学的思维模式,所谓美学的心理规定）、怎样规定问题（美学的特定范式,所谓美学的逻辑规定）、怎样解决问题（美学的学科形态,所谓美学的构成规定）,也希望能够跟读者一起去关注这些西方的生命美学经典名著是如何去表述自己的问题、如何去论证自己的思考,乃至其中的论证理由是否得当、论证结构是否合理,当然,也还希望跟读者一起去关注这些西方的生命美学经典名著中所蕴含的思想与创见,以及这些思想与创见的价值在当今安在。从而,推动着我们当代的生命美学研究能够真正将自己的思考汇入到人类智慧之流,并且能够做出自己的真正的独创。毕竟,就这些生命美学经典名著本身而言,它们都是所谓的问题之书,也是亘古以来的生命省察的继续。也许,在它们问世和思想的年代,属于它们的时代可能还没有到来。它们杀死了上帝,但却并非恶魔;它们阻击了理性,但也并非另类。它们都是偶像破坏者,但是破坏的目的却并不是希图让自己成为新的偶像。它们无非当时的最最真实的思想,也无非新时代的早产儿。它们给西方传统美学带来的,是前所未有的战栗。在它们看来,敌视生命的西方传统美学已经把生命的源头弄脏了,恢复美学曾经失去了的生命,正是它们的天命。也因此,我们或许可以恰如其分地称它们为:现代美学的真正的诞生地和秘密。在上帝与理性之后,再也没有了救世主,人类将如何自救?既然不再以上帝为本,也不再以理性为本,以人为本的美学也就势必登场。这意味着从"理性的批判"到"文化的批判",也从"纯粹理性批判"到"纯粹非理性批判",显然,这些生命美学经典名著提供的就是这样的一种全新的美学,它们推动着我们去重新构架我们的生命准则,也推动着我们去重新定义我们的审美与艺术。需要说明的是,长期以来,我们的西方美学研究往往是教材式的、通论式的、概论式的,当然,这对于亟待了解西方美学发展进程的中国当代美学学人来说,也是必要的,但是,其中也难免存在着"几滴牛奶加一杯清水"或者三分材料加七分臆测的困境,更每每事先就潜存着"预设的结论",更不要说那种"狗熊掰棒子,掰一个丢一个"的研究路数或者那种为研究而研究、为课题而研究的研究路数了,那其实已经是学界之耻。至于其中的根本病症,则在于忘记了或者根本就不知道西方美学研究首先要去做的必须是"依语以明义",然后,才能够"依义不依语",也因此,长期以来,我们的西方美学研究往往进入不了美学基本理论研究的视野,也无法为美学基本理论研究提供应有的支持。因为我们的西方美学研究与我们的美学基本理论研究基本上就是完全不相关的两张皮,也是两股道上跑的车。这一点,在长期的美学基本理论研究工作中,我有着深刻的体会。值得期待的是,从西方生命美学思潮的经典名著本身的阅读、研读、精读开始,而不是从关于西方生命美学思潮的经典名著的种种通论、概论开始,从"依语以明义"开始,而不是从"依义不依语"开始,也许是一个令人欣慰的尝试。维特根斯坦曾经提示我们:"我发现,在探讨哲理时不断变换姿势很重要,这样可以避免一只脚因站立太久而僵硬。"在此,我们也可以把它作为在美学研究中"不断变换姿势很重要"的一次努力,也作为意在"避免一只脚因站立太久而僵硬"的一次努力。"生命为体,中西为用"!在未来的中国当代美学探索中,请允许我们谨以"西方生命美学经典名著导读丛书"的出版去致敬中国当代美学的未来!是为序!

2021.6.14,端午节,南京卧龙湖,明庐

目 录

绪 论 …………………………………………………… 1

第一章 人的问题:从古代到近代 ……………………… 9

一、古代时期:古希腊、罗马时期对人的问题的理解
……………………………………………………… 10

(一)哲学的目标:认识自我 ………………… 10

(二)认识自我的途径:内省 ………………… 20

二、中世纪和文艺复兴时期对人的问题的理解 …… 27

(一)奥古斯丁:从希腊哲学走向基督教启示的
道路 …………………………………… 28

(二)托马斯·阿奎那:理性的发挥必须由上帝
引导 …………………………………… 29

(三)库萨的尼古拉:个体是普遍的真正实现…… 30

三、近现代时期:17—19世纪对人的问题的认识
……………………………………………………… 33

(一)帕斯卡尔对"几何学精神"和"微妙的精
神"的区分 …………………………… 33

(二)近代意义的科学精神奠定了新的人类学
基础 …………………………………… 35

(三)18、19世纪对人的问题的理解 ………… 39

1

第二章 人是符号形式的产物:卡西尔对人的问题的解读 ······ 48
一、符号形式的理论溯源和内涵分析 ······ 48
（一）对新康德主义的继承和超越 ······ 48
（二）从先验形式到文化形式:康德到卡西尔的形式路径 ······ 54
二、符号形式的特征 ······ 67
（一）符号形式的功能性 ······ 69
（二）符号形式的间接性 ······ 73
（三）符号形式的生命性 ······ 80

第三章 作为符号形式的神话和宗教 ······ 104
一、从神话的结构判定思维的普遍性形式 ······ 108
二、神话作为认识方式 ······ 114
三、神话是生命和情感的客观化 ······ 121
四、一体化的生命观 ······ 124
五、巫术、神话和宗教的关系 ······ 131

第四章 作为符号形式的语言 ······ 137
一、语言研究的方法和路径 ······ 139
二、指示、模仿和符号:语言感觉表达阶段的三个层次 ······ 143
三、在语言共同体中把握语言 ······ 149
四、如何通过语言符号认知和把握世界 ······ 156
五、小结 ······ 164

第五章 作为符号形式的艺术和美 ······ 165
一、从摹仿到构形:艺术获得合法性条件的不同路径 ······ 167

二、知觉的能动性:获得审美经验的途径 …………… 176
　三、情感、形式与生命 ………………………………… 180
　四、审美快感源于形式 ………………………………… 185
　五、小结 ………………………………………………… 193

第六章　作为符号形式的历史 …………………………… 196
　一、历史意识:为历史事件确立形式和范畴 ………… 200
　二、历史中的"构形" …………………………………… 206
　三、历史中的符号解释学 ……………………………… 210
　四、历史秩序中的生命存在 …………………………… 216

第七章　作为符号形式的科学 …………………………… 224
　一、寻求秩序:科学的功能表现 ……………………… 225
　二、数:新的符号语言 ………………………………… 231
　三、关系:数学的新工具 ……………………………… 236
　四、数和关系的概念在各门科学中的运用 ………… 239

结语 ………………………………………………………… 246

绪　论

恩斯特·卡西尔(Ernst Cassirer)在 20 世纪哲学中占有独特的地位,他曾是新康德主义马堡学派(Marburg School of Neo-Kantianism)的领袖之一,一生勤勉不懈,成就卓然。1874 年 7 月 28 日,卡西尔生于德国布雷斯劳(Breslau,现波兰弗罗茨瓦夫)的一个富裕的犹太家庭。1892 年卡西尔进入柏林大学,1894 年,他师从乔治·齐美尔(Georg Simmel)学习康德的课程,而后者特别向卡西尔推荐了赫尔曼·柯亨(Hermann Cohen)关于康德的著作。柯亨是新康德主义马堡学派的创始人,卡西尔甫一接触他的著作便狼吞虎咽地阅读,并立即决定跟随柯亨在马堡学习。1899 年他在马堡大学完成了博士论文《笛卡尔对数学和自然科学知识的分析》(*Descartes's Analysis of Mathematical and Natural Scientific Knowledge*),这篇论文以认识论和科学哲学为主题,体现出早期的卡西尔对自然科学的长足发展表现出的喜悦和震撼之情。其后卡西尔进一步发展了这些主题,对从文艺复兴到康德的现代哲学和科学发展做出了重要的解释。

自 1919 年到 1933 年,卡西尔一直在汉堡教书,并完成了三卷本的《符号形式的哲学》(*The Philosophy of Symbolic Forms*,分别于 1923、1925、1929 年出版)的写作。在这些著作中,他突破了马堡学派"全面整理知识理论"和"侧重科学认知"[①]的使命,而"更着重于哲学与文化的联系"[②],在哲学视域内用"符号形式"(symbolic form)实现了科学模式和非科学模式相结合的最初尝试。1929 年春,卡西尔在瑞士达沃斯参加了一场与马丁·海德格尔(Martin Heidegger)的著名论辩,即"达沃斯论辩"(The Davos Debate),这成为 20 世纪哲学界引人注目的大事件。两位同根而生的哲学家[③]所讨论的主题涉及对新康德主义的定位,以及康德的基本问题,即时空、知识、语言、自由,及其被动的感性能力与主动的知性能力之间的关系等。而在这场争论中,海德格尔积极地为他激进的"此在的存在分析"(existential analytic of Dasein)这一概念进行辩护。而卡西尔通过诉诸道德经验和自然科学中出现的真正客观有效、必要和永恒的真理,捍卫了自己在符号形式哲学中对康德的新理解——反对海德格尔对人类有限性不可避免的坚持,并强调了人类精神活动的自主性和创造性。1933 年后,卡西尔先后在牛津大学任教两年和到瑞典哥德堡大学任教六年。在此期间,他对道德和法哲学进行了持久的讨论,研究对象是

---

① [德]恩斯特·卡西尔:《人文科学的逻辑》,关之尹译,上海译文出版社 2004 年版,译者序第 3 页。
② [德]恩斯特·卡西尔:《人论》,甘阳译,上海译文出版社 1985 年版,中译本序,第 3 页。之后的译文来自同一译者的 2003 年版。
③ 卡西尔的博士导师柯亨和海德格尔的博士导师李凯尔特同属于新康德主义阵营,因此,卡西尔和海德格尔两人原本受到的学术影响是完全一致的。[德]沃尔夫拉姆·艾伦伯格:《魔术师时代:哲学的黄金十年(1919—1929)》,林灵娜译,上海文艺出版社 2019 年版,第 391 页。

瑞典法哲学家阿克塞尔·哈格斯滕（Axel Hägerström）。他还阐述了关于"自然科学"和"文化科学"之间的关系,而且明确拒绝卡尔纳普（Paul Rudolf Carnap）的"物理主义"（physicalism）。

卡西尔才华横溢,思想富于独创性灵感,他在多年的思考、任教和研究的过程中著述甚丰。主要著作除了《符号形式的哲学》《人论》《国家的神话》外,还包括《实体和功能》《认识问题》《康德生平和思想》《文艺复兴时期哲学中的个体和宇宙》《柏拉图主义在英国和剑桥学派中的复兴》《启蒙哲学》和《人文科学的逻辑》等。他认为,客观世界是人们把一些先验原则运用于经验杂多的产物,后者只有凭借前者才能显现出秩序并为人所把握。因此,卡西尔在研究中所注重的与其说是知识（认识）和信仰的对象本身,不如说是人们认识这些对象或在意识中对这些对象进行概念重构的方式。他于1941年至1944年在耶鲁大学任教,1944年至1945年在哥伦比亚大学任教。在美国期间,他先后用英文写了两本书,即1944年出版的《人论》和1946年去世后出版的《国家的神话》。这对沟通欧洲大陆和美国哲学思想的交流做出了很大贡献。1945年4月13日,卡西尔在纽约街头行走时由于突发心脏病而与世长辞。

在哲学史上,卡西尔给我们展示的是多种身份,我们经常在卡西尔的书中看到康德、歌德、席勒、赫尔德、洪堡、莱辛、谢林等德国古典哲学家的名字和观点,卡西尔的著作《卢梭·康德·歌德》就是对古典哲学家和文化学家所表达的致意。因此,他既是新康德主义者（早期）,也是符号学家,还是德国古典人文思想传统的继承者。1941年,卡西尔接替当时即将退休的威尔伯·乌尔巴(Wilbur M. Urba)教授的教职而在耶鲁大学就职,他教授语言哲学,并由于他的学术声誉和博学多才受到美国同行和学生们的热烈欢迎。美国的工作既使他得到了扩大自己思想影响的机会,美国的学术界也通过他进一步了解了德国哲学的精髓。与此同时,卡西尔接受了美国本土的实用主义哲学,后在《人论》中,明显体现出他要把自己的思想体系与杜威的经验主义协调起来的努力。卡西尔在耶鲁大学任教期间,与其他教授联合举办了关于历史哲学、科学哲学和知识论的研讨会,还承担了本科生和研究生的教授和指导工作。他非常喜爱美国的学术环境和学术同仁对他工作的支持和合作。亨德尔(Charles W. Hendel)在为卡西尔的《符号形式的哲学》第一卷所写的序言中指出:"1943年,卡西尔突然决定用一种新方式来展示自己,他专门为自己逐渐了解并热爱的美国写了一本书,正如他在序言中所说的,这将是他在这个国家'逗留'的符号。于是,他开始撰写《人论》,并于1944年由耶鲁大学出版社出版。"[1]在《人论》的作者序中,卡西尔介绍了他写这本书的初衷,指出,它是"我的英美朋友们屡次迫切地要求我出版《符号形式的哲学》的英译本"的结果。但是卡西尔强调,这本书并非《符号形式的哲学》的全盘复写,因为这既难以实施,也在于"出版一部远在二十五年前构思和写作

---

[1] Ernst Cassirer, *The Philosophy of Symbolic Forms*, (Vol.1), *Language*, Yale University Press, 1955, Introduction by Charles W. Hendel, viii-ix. 本书所引西方原著的中译文为笔者所译。

的著作也几乎是不可接受或不可取的"[①]。因为在1929年《符号形式的哲学》第三卷《知识现象学》出版后,卡西尔又出版了多部著作,在研究范围、研究深度,以及对研究对象的理解上都有了与之前不尽相同的思考,也了解了更多新的事实,碰到了诸多新问题。因此,《人论》一书与其说是《符号形式的哲学》的缩写本,毋宁说是"具有特别的哲学重要性"的全新著作。因此,这本书的写作不是多个命题的拼凑,而是所有的命题都可以归结为"一个"课题——所有讨论的问题(它们是通向一个共同中心的不同道路)都可以殊途同归,回归到原点,这正是文化哲学的任务。

《人论》这部著作篇幅不长,它共分上、下两篇共12章内容。上篇的主题为"人是什么?",主要包括"人类自我认识的危机"、"符号:人的本性之提示"、"从动物的反应到人的应对"、"人类的空间与时间世界"以及"事实与理想"五章的内容。而下篇的主题则是对"人的问题"的进一步扩展,表现为"人与文化"的关系,即作为符号形式的各文化与人的关系,或人如何通过符号构建文化。卡西尔指出,文化哲学的任务就是从功能结构上而不是从事实上来理解人类文化,将事实理解为一个体系和有机的整体。在研究这些文化的过程中,卡西尔发现,人和动物不同的地方,既不是亚里士多德所说的"人是社会的动物",因为社会性本身并非人所独具的特征,动物也具有劳动分工和社会组织。也不是人的行为和动作的精确性,因为事实证明,动物有许多行为不仅与人的作为不相上

[①] [德]卡西尔:《人论》,甘阳译,上海译文出版社2003年版,作者序,第1页。

下,而且在某些方面高于人类。卡西尔认为,人和动物的明显区别在于,动物只具有出于本能的类本性的存在,而人"有个体选择的自由或发挥个体能力的自由"①,人不仅服从规则,也能创造规则,能够"积极地参与创造和改变社会生活形式的活动"。②尽管这些能力形成的过程相当缓慢,但是却几乎可以在人类文化的所有形式中看到。此外,人和动物的区别还表现在人的二元性,即在稳定和进化之间的张力,"它是坚持固定不变的生活形式的倾向和打破这种僵化格式的倾向之间的一种张力。人被分裂成这两种倾向,一种力图保存旧形式而另一种则努力要产生新形式。在传统与改革、复制力与创造力之间存在着无休止的斗争。"③我们在神话、宗教、语言中往往发现稳定性的因素压倒进化的因素,传统仪式、宗教戒律、语法规则往往成为保证稳定性的必要因素;而在艺术的发展中,进化和创造的因素又明显占有更重要的地位。因此,在《人论》中,卡西尔运用符号形式所最终指向的,是"人",即"人"这样一种特殊的动物,它具有其他动物所不具备的能力——运用符号的能力。符号不是实体的,而是功能的,不是事实性的,而是观念性的。由此,人才能不仅仅接受外界的给予,还要对其做出能动的反应、建构和解释。用符号来把握世界,也是建构和解释世界的意义,艺术、神话、历史、宗教和科学既是人类建构和解释世界的工具,也是这种建构和解释的

---

① [德]卡西尔:《人论》,甘阳译,上海译文出版社 2003 年版,第 350 页。
② [德]卡西尔:《人论》,第 350 页。
③ [德]卡西尔:《人论》,第 351 页。

结果。人由此发现并证明了新的力量,这种力量是"建设一个人自己的世界,一个'理想'世界的力量"。①

需要说明的是,《人论》并不属于哲学史上艰深晦涩的作品,它文风流畅清晰,时而神采飞扬,时而深沉低敛,读后往往令人心潮澎湃,回味隽永,体现了作者恣意融贯的才华、多学科纵横捭阖考证的功力以及对文字高超的把控才能。但是,流畅清晰并不等同于浅易通俗,它厚重的思想含量、伟大的智性光芒并不因文风简约而有所折损。毋宁说,卡西尔在这部书的可读性和读者接受上有所顾及,但诸多重要而关键的问题却并未遗漏,如"符号形式""形式""人性""知觉""功能性""关系""生命""空间和时间""可能性""人文科学""构形""整体性",以及符号形式在历史、艺术、科学、语言和神话等维度的延伸等。迪米特里·加沃伦斯基(Dimitry Gawronsky)对卡西尔《知识问题》(*The Problem of Knowledge*)所做的评价同样适合于《人论》,事实上,这一评价不仅适合于卡西尔的所有作品,更是对卡西尔人格魅力和治学态度的评价:

> 人们越是研究卡西尔的这部作品,就越对能够写出这部作品的人的才智钦佩有加。为了写作这部书,卡西尔必须学习和熟悉的书实在太多了。然而,这是它最不引人注目的部分。真正令人惊叹的是卡西尔的能力,它能够穿透大量的个体思维系统,重构它们的独特之处,强调其中所有原创和富有成效的东西,并揭示它们所有的

---

① [德]卡西尔:《人论》,第357页。

弱点和矛盾。卡西尔有一种令人难以置信的聪明才智，能够处理思想上最细微的差别和异同，能处理一切根本的或次要的东西，他坚定地把握住了发展的各个阶段和分枝；在展示同一概念是如何获得不同含义的基础上，卡西尔根据其作为建构性元素的不同哲学体系奠定了他后来发展为"符号形式"的思想的第一个基础。几十位部分或彻底被遗忘的意大利、德国、法国和英国的哲学家，在卡西尔的书中重新回到新的生活和历史的重要性中，从而使哲学思想的连续性更加一致和真实。……卡西尔在这项工作中的最大成就在于通过将知识的演变与精神文化的总体联系起来，创造了一个广泛的总体背景：神话与宗教、心理学与形而上学、伦理学与美学。一旦他发现他们的认识论发展中缺少一些环节，他就把所有这些问题都纳入了他的讨论中。[①]

由于《人论》为卡西尔的晚期作品，当我们研读和理解这部著作时，更需要基于对卡西尔整体思想的考察，因为其中的诸多概念、术语、命题甚至隐喻需要回溯到卡西尔的其他作品中，或者哲学史本身去找寻其源头和出发点，否则可能不逮其真正内涵。而这也是这本书写作的出发点和力图遵循的方法论原则。

[①] Dimitry Gawronsky, *Cassire: His Life and His Work*, see *The Philosophy of Ernst Cassirer*, Edited By Paul Arthur Schilpp, The Library of Living Philosophers, Inc.Evanston, Illinois,1949. pp.14 - 15.

第一章 人的问题:从古代到近代

从第一章开始,卡西尔就将"认识自我乃是哲学探究的最高目标"作为《人论》的发端。因此,《人论》最迫切得到解答的就是"人是什么?"的问题。自从现代科学兴起以来,人类对自己的认识经历了一个渐进的、累积的变化。卡西尔讲述了从古代世界观,到中世纪基督教哲学世界观,到17世纪哥白尼的新宇宙观,直至后达尔文生物学的世界观的变化。与哲学史上对宇宙、自然以及其他问题的理解一样,各流派和学说对"人"这一问题的理解也存在着很大的差别,它们各居一隅,标举自己的正确,而这也构成了对这一问题解读的混乱,出现了自我认识的思想危机。卡西尔指出,"近代思想家们认为,在以往时代无数次徒劳无益的努力以后,他们确实已经成功地把有机生命解释为一种单纯的偶然的产物。"[①]从而人类对自己认识的真正危机出现了,人们意识到,现在甚至没有一种有意义的方法来探讨人的本质问题。"由于这种发展,我们近代关于人的理论失去了它的理智中心。我们所得到的只是思想的完全无政府状态。"[②]当代的哲学家、心理学家、社会学家对

---
① [德]卡西尔:《人论》,第31页。
② [德]卡西尔:《人论》,第35页。

人类生活、生命的看法和评价层出不穷,但无法找到一个普遍公认的评判标准,甚至不再有一种普遍接受的方式来提出"人是什么?"的问题,卡西尔认为,这不只是一个严重的理论问题,而是"对我们的伦理和文化生活的全部内容都有着急迫的威胁"[①]的现实问题,因为人类思想中的每一次巨大危机过去都伴随着道德和社会行为的深刻危机。

一、古代时期:古希腊、罗马时期对人的问题的理解

(一)哲学的目标:认识自我

卡西尔首先借怀疑论思想家的思想来证实人的问题的重要性。怀疑论最早出现在公元前3世纪的古希腊,以皮浪为代表。他们主张,"感官不能揭示事物之所是,只能表明事物的显现之是。"[②]即感官无法提供确切的知识,事物的本性是我们无法认知的。怀疑论发展到17世纪,贝克莱、蒙田和休谟的怀疑主义走向了极端。尤其是贝克莱的怀疑论主张怀疑一切,被称为"极端的怀疑主义"。但是卡西尔指出,"即使连最极端的怀疑论思想家也从不否认认识自我的可能性和必要

---

① [德]卡西尔:《人论》,第35—36页。
② [德]爱德华·策勒:《古希腊哲学史》(第五卷),余友辉、何博超译,人民出版社2020年版,第302页。

性。他们怀疑一切关于事物本性的普遍原理,但是这种怀疑仅仅意味着去开启一种新的和更可靠的研究方式。在哲学史上,怀疑论往往只是一种坚定的人本主义的副本而已。借着否认和摧毁外部世界的客观确实性,怀疑论者希望把人的一切思想都投回到人本身的存在上来。怀疑论者宣称,认识自我乃是实现自我的第一条件。为了欢享真正的自由,我们就必须努力打破把我们与外部世界联结起来的锁链。"①而16世纪怀疑主义者蒙田的座右铭则是:"世界上最重要的事情就是认识自我。"②

由此观点出发,卡西尔开启了考察人的本性的道路。尽管这一部分的论述是在古希腊—罗马的哲学史范围进行的,但卡西尔论述的顺序十分自由灵活,由此我们在论述时将调整顺序,按照哲学史的脉络进行考察。

1. 前苏格拉底哲学

人类早期对宇宙、自然和人的认识并非从科学和哲学开始,而是启于巫术和神话。人们试图借此阐释万物之起源,赫西俄德的《神谱》记载,"最初产生凯奥斯(洪荒混沌),其次是盖亚(大地),再次是厄洛斯(爱)。由凯奥斯产生厄勒布(黑暗)和尼克斯(夜晚),又由后两者的结合产生埃德(光明)和赫麦拉(白昼)。大地生海,和天(乌拉诺斯)结合而生河。乌拉诺斯(天)的种子生阿芙罗狄蒂(爱),那就是,天降雨使生命萌

---

① [德]卡西尔:《人论》,第3页。
② [德]卡西尔:《人论》,第3页。

芽于自然中。"①所以,原始的人类学和宇宙学是相伴而生的,不同的是,前者是对人的学问的研究,而后者则是对物质世界的认识。因此卡西尔说:"在对宇宙的最早的神话学解释中,我们总是可以发现一个原始的人类学与一个原始的宇宙学比肩而立:世界的起源问题与人的起源问题难分难解地交织在一起。宗教并没有消除掉这种最早的神话学解释,相反,它保存了神话学的宇宙学和人类学而给它们以新的形态和新的深度。"②

古希腊哲学形态各异,而且"几乎每一个思想家都是同时代表着一种新的普遍的思想类型"。③即每一个思想家的独特见解都能抽象成普遍性的原则,并带有一般性的典型意义。古希腊哲学在从宇宙学向人类学的不断发展过程中逐渐形成,米利都学派的物理哲学强调万物的本质是实体,如泰勒斯将自然看作是有生命的存在,它有活力,会变化,并认为水是世界最原始的要素。这一学派的另一哲学家阿那克西曼德则认为世界的本质是无限,即一种永恒不灭的实体,万物由它构成,又复归于它。毕达哥拉斯学派则对数情有独钟并建立了数学哲学。他们认为,数包含着关系、量度、秩序和比例等要素,没有数,就没有秩序、实在和基质,因此数是现象背后最根本的基础。赫拉克利特强调宇宙处于无穷的变化流动的过程

---

① [美]梯利著:《西方哲学史》,葛力译,商务印书馆2009年版,第6页。
② [德]卡西尔:《人论》,第6页。
③ [德]卡西尔:《人论》,第7页。

中,他将火作为万物的本原,因为火可以变成水,又变成土,而土又还原为水和火。这样,每一种东西都具有对立统一的性质,没有事物是恒定不变的。卡西尔认为,赫拉克利特"站在宇宙学思想与人类学思想的分界线上。虽然他仍像一个自然哲学家那样说话,并且属于'古代自然哲学家',然而他确信,不先研究人的秘密而想洞察自然的秘密是根本不可能的"。[①]上述评价已经暗含着将赫拉克利特从古代自然哲学家分离出来的倾向,到赫拉克利特这里,希腊哲学开始从关注自然和宇宙问题发展到关心人的问题,因此赫拉克利特是从宇宙学到人类学的分界线。同时,赫拉克利特认为宇宙的发展应遵循理性的规律,它不是偶然和随意的。由此,他依据自己的宇宙学理论而建构了心理学和伦理学,并认为普遍心灵是人类之火的一部分。卡西尔认为,划分苏格拉底和前苏格拉底的标志就是"人的问题",赫拉克利特的思想是二者转换的中点和桥梁,他所提出的"我已经寻找过我自己"命题被认为代表了赫拉克利特哲学的全部。

2. 苏格拉底

在哲学史上,苏格拉底的思想是伴随着几次"分离"而逐渐清晰的。

第一层分离:人和动物的分离。

在宇宙的创生论之后,旧的世界观和人生观发生了很大的变化,哲学取得了显著的进步。从苏格拉底开始,对人的问题的思考开始具有主流的色彩。思想家们意识到反省的意

---

① [德]卡西尔:《人论》,第7页。

义,"如果我们想把握实在并理解它的意义,我们就必须把自我反省的要求付诸实现。"①理解实在、把握实在,都需要自我反省,反之则无法达到目的。反省意味着反思自身,即人不仅过一种自然人的生活,而且要在这个过程中思考,对这一过程的规律性进行探求。这应该是卡西尔在寻找"人是什么"这一答案时,给出的第一条可供考虑的路径。即能够"自我反省"是人和其他存在的不同所在。这是从人的特性上来讲的。那么得出的这一结论带来了什么后果呢?用卡西尔的话来表述就是"以往的一切问题都用一种新的眼光看待了"。②因为苏格拉底坚持将明确推理的方法运用到对人的问题的思考上,试图给人的行为找出合理的基础。如:一个理性的人将如何行动?我将如何安排生活?尽管只是看问题的范式和角度发生了变化,但是结果却是天翻地覆的,因为"这些问题都指向一个新的理智中心"。③就如同日心说给人们带来的思想观念的变化一样。事实上,从宇宙学向人类学观念的转化,可以与地心说向日心说的转变相提并论。

第二层分离:对人的描述方式和对客观事物描述方式的分离。

苏格拉底探求的最终目的是客观的、绝对的、普遍的真理,但是他所探求的对象要与人相联系。对人类世界和人的存在的探求,就是对宇宙秘密的探求。卡西尔指出,"在苏格

---

① [德]卡西尔:《人论》,第8页。
② [德]卡西尔:《人论》,第8页。
③ [德]卡西尔:《人论》,第8页。

拉底那里,不再有一个独立的自然理论或一个独立的逻辑理论,……唯一的问题只是:人是什么？苏格拉底……的全部探究所指向的唯一世界,就是人的世界。他的哲学(如果他具有一种哲学的话)是严格的人类学哲学。"①但是卡西尔注意到,苏格拉底从未在诸多的谈话中轻易得出"人是什么"的定义。他往往采用迂回"兜圈子"的方式,貌似只触及事物的表面而没有深入到本质。卡西尔得出的结论是:"正是这种否定回答告诉了我们苏格拉底对人的概念的正面看法:我们绝不可能用探测物理事物的本性的方法来发现人的本性。物理事物可以根据它们的客观属性来描述,但是人却只能根据他的意识来描述和定义。"②在这里,卡西尔从方法论的角度,又一次寻找人与其他存在物的不同之处,如果说"自我反省"是人将自己与动物区别开来的标志的话,那么,将对人的描述方式与对客观事物的描述方式区分开则看是否落实到意识。这也为人的问题的研究作了进一步的规定。

第三层分离:交往中的人和形而上学的人的分离。

在苏格拉底之前,毕达哥拉斯、恩培多克勒、赫拉克利特、智者派等在论述自然界和宇宙时都某种程度上涉及人类的灵魂、人的认识论等问题,但是这些思想并未对"人之所以为人"这样命题做充分的考察,而是把人作为从属自然界的一部分。这种方式适合于探求物理世界而非人类世界。而卡西尔在苏格拉底身上所看到的,是人的交往的重要性——要研究人和

---

① [德]卡西尔:《人论》,第8页。
② [德]卡西尔:《人论》,第9页。

理解人的本性，必须将人放入到人与人的彼此关系中，并在交往中来实现对人的理解。交往意味着对话和交流，意味着共在、你来我往的行为方式，它不是静止的，而是动态的，它是此在的、实际的、活生生的。"只有在我们与人类的直接交往中，我们才能洞察人的特性。要理解人，我们就必须在实际上面对着人，必须面对面地与人来往。"①

从这里，卡西尔敏锐地意识到苏格拉底哲学的独特之处，即苏格拉底是在"活动"和"功能"的视域内看待人。卡西尔指出："苏格拉底哲学的与众不同之处不在于一种新的客观内容，而恰恰在于一种新的思想活动和功能。"②活动和功能的特征使得苏格拉底哲学保持共在、交流、对话、可变和辩证的维度，从而将哲学从理智的独白和静止的恒定形式转变为对话的形式，使他的哲学与形而上学的恒定性拉开了距离。"只有靠着对话式的亦即辩证的思想活动，我们才能达到对人类本性的认识。"③以往的哲学将真理看成某种现成的给予的东西，无论是真理的获得还是传达，都可以靠思考者的独自努力而达到。但是苏格拉底的见解与此不同，在《理想国》中，柏拉图将苏格拉底的观点阐释为："往一个人的灵魂中灌输真理，就像给一个天生的瞎子以视力一样是不可能的。真理就其本性而言就是辩证的思想的产物。因此，如果不通过人们在相互的提问与回答中不断地合作，真理就不可能获得。因此，真理

---

① ［德］卡西尔：《人论》，第9页。
② ［德］卡西尔：《人论》，第9页。
③ ［德］卡西尔：《人论》，第10页。

不像一种经验的对象,它必须被理解为是一种社会活动的产物。"①这一深刻的见解为哲学指明了方向,即从给予走向建构、从独白走向交流、从恒定走向辩证、从探究外界返回探究自身。从而,真理不是探究和思考就能够获得的对象,而是必须经过社会活动这一桥梁,这一活动不是始终如一的恒定不变的产物,而是需要不断修正、审视和建构的实践的结果。

从而,卡西尔得到了他的"人的问题"的一个新的、间接的回答:"人被宣称为应当是不断探究他自身的存在物——一个在他生存的每时每刻都必须查问和审视他的生存状况的存在物。"②人不仅能够意识到自己的存在,而且能够审视自己的存在,并且能够对自己的存在状态做出评价。"人类生活的真正价值,恰恰就存在于这种审视中,存在于这种对人类生活的批判态度中。"③人通过审视自我、批判自身而对自己的行为负责,这也正是人的独特性所在。它进一步令我们理解苏格拉底所说的"一种未经审视的生活还不如没有的好"这句话的深刻内涵。所以卡西尔认为:"我们可以概括苏格拉底的思想说,他把人定义为:人是一个对理性问题能给予理性回答的存在物。人的知识和道德都包含在这种循环的问答活动中。正是依靠这种基本的能力——对自己和他人做出回答(response)的能力,人成为一个'有责任的'(responsible)存在物,成为一

---

① [德]卡西尔:《人论》,第10页。
② [德]卡西尔:《人论》,第10页。
③ [德]卡西尔:《人论》,第10页。

个道德主体。"①

3. 柏拉图与亚里士多德

卡西尔首先对柏拉图和亚里士多德的知识观进行了比较。柏拉图的哲学具有双重性,这里既涉及理性和感性的关系,又涉及认识和存在的关系。一方面,柏拉图将理智、认识与感性完全割裂开来,他认为真理是先验的,而感性生活是经验的,二者无法达到一致。在柏拉图那里,形式(理念)和个体是二分化状态,理念是本质,但却只是普遍的,作为本体,它存在于个别事物之外,与个别事物构成了两个世界的关系。柏拉图追求抽象的"理念",世界的本原就是由理念构成的,而现实世界则是理念的外显。柏拉图对快乐表示怀疑,对享乐主义进行攻击,宣称:"真正哲学家的灵魂……[应]尽可能节制快乐、欲望和悲伤,因为灵魂想到放纵快乐、欲望和悲伤的结果不是像人们所设想的那种微不足道的不幸,……而是一场受害者不知道的最可怕的灾难。"②因而,无论是对待哲学问题还是美学问题,柏拉图都试图将研究从感性经验领域过渡到概念的超验的领域,所以卡西尔评价说:"柏拉图绝不会把求知的欲望与我们运用感官的嗜好相提并论。在柏拉图那里,感性生活与理智生活被一条宽阔而不可逾越的鸿沟所分离:知识和真理属于先验系列,属于一个纯粹的永恒理念的王国。"③

---

① [德]卡西尔:《人论》,第10页。
② [古希腊]柏拉图:《柏拉图全集》(第一卷),王晓朝译,人民出版社2003年版,第88页。
③ [德]卡西尔:《人论》,第5页。

但是在另一方面,古希腊人又将"认识"和"存在"同一化,"他们深信知识是一种力量,能使人永远与根本存在相结合。这种与现实相结合的方式正是希腊哲学所要展示的。理性对它自己的存在吸收得越深,意识到它自己的真正价值,就越深入到事物的存在之中。因为真理与实在,思想与存在,并没有泾渭分明的界线。希腊哲学的这一基本意义,在柏拉图身上得到了充分的体现。在他看来,'存在论'(ontology)和'逻辑'(logic)是不可分割的统一体。只有当我们对认识的本质有了清晰的认识,并对'什么是知识'这个问题有了明确的答案,我们才能成功地定义什么是真正的存在。"[1]

卡西尔从亚里士多德的《形而上学》中追溯了人类本性的一种基本倾向,感性生活的全部内容是被这种倾向所决定并且充分体现着这种倾向的。这种倾向是什么呢?是"求知"。但是,亚里士多德并不排斥感觉和知觉,在他看来,求知的基础是感觉。"求知是人类的本性。我们乐于使用我们的感觉就是一个说明;即使并无实用,人们总爱好感觉,而在诸感觉中,尤重视觉。无论我们将有所作为,或竟是无所作为,较之其他感觉,我们都特爱观看。理由是:能使我们识知事物,并显明事物之间的许多差别,此于五官之中,以得于视觉者为多。"[2] 可

---

[1] Ernst Cassirer, *The Problem of Knowledge*, trans. William H. Woglom and Charles W. Hendel, New Haven: Yale University Press, 1950, p.1. Introduction.
[2] [古希腊]亚里士多德:《形而上学》,吴寿彭译,商务印书馆 1959 年版,第 1 页。

见,在亚里士多德看来,感觉器官是我们求知的第一步,如视觉能够使我们观看,观看又可以使我们认识事物和分辨事物,这就已经从感官的存在上升到理性的存在。而认识的不断上升过程是:感性——记忆——经验——知识/技术——普遍原理。

亚里士多德将本体与个体的生命联系在一起,并试图从生命这一方面来解释理念的世界和知识的世界。他认为,知觉和认识、理念和知识是具有连续性的行动,它们如同生命一样是一种不间断的运动。卡西尔对此评价道:"在自然界中就像在人类知识中一样,较高的形式是从较低的形式发展而来的。感官知觉、记忆、经验、想象和理性都是被一个共同的纽带联结在一起的,它们仅仅是同一种基本活动的不同阶段和不同表现形式而已。这种基本活动在人那里已达尽善尽美的境地,不过在某种方式下,它也体现在动物以及有机生命的一切形式中。"[①]这一评价充分反映了亚里士多德的知识观与柏拉图的知识观的区别。亚里士多德将生命的一体性、能动性作为探讨人的问题的重要维度。当作为一个生物学家而非哲学家时,亚里士多德拒绝感觉和理智、实体与现象的截然划分。我们也可以看到,卡西尔借由对亚里士多德的评价,指出了人的本性与生命活动的意义。

(二)认识自我的途径:内省

1. 通过内省的方式达到对人的认知

卡西尔注意到,人类知识的最初阶段只是涉及外部世界

---

① [德]卡西尔:《人论》,第6页。

的知识,因为自然环境是人的生存和需要的来源。人们只有适应外部世界才能生存下去并走向理智和文化生活。但是当文化不断发展之后,人的好奇心和关注点发生了变化,一个相反的倾向出现了,即人类意识从关注外界自然转向关注自身和自我,"人类的文化越往后发展,这种内向观察就变得越加显著。"①因此,是否进行深入的内向观察,也是衡量一个人文化高下的重要标尺。而"我们几乎可以在人的文化生活的一切形式中看到这种过程"。②文化生活的一切形式,指的就是科学、历史、艺术、宗教等,它们作为人类文化的符号形式而出现,是人类文化的外化和象征。通过它们,我们可以看到人的好奇心是如何从外向内发展的。

当然,理性的内省方式在近代也受到怀疑论者的指责。17世纪,在笛卡尔数学哲学的基础上,人们认为我们自身存在的自明性是坚不可摧、无懈可击的,人们渴望将整个世界带进一个光芒万丈、全然剔透的世界。统一化的原则使人们期冀重建一个整体的世界,用一种方法可以解决所有的问题。卡西尔在《启蒙哲学》中指出:"在17世纪的那几大形而上学体系——笛卡尔、马勒布朗士、斯宾诺莎和莱布尼茨的体系中,理性是'永恒真理'的王国,是人和神的头脑里共有的那些真理的王国。因此,我们通过理性所认识的,就是我们在'上帝'身上直接看到的东西。理性的每个活动,都使我们确信我们参与了神的本质,并为我们打开了通往心智世界、通往超感

---

① [德]卡西尔:《人论》,第6页。
② [德]卡西尔:《人论》,第6页。

觉的绝对世界的大门。"[①]但怀疑主义者认为,17世纪的这些原则在心理学知识的进展中是值得怀疑的,人类自身存在的自明性和无懈可击的原则无法在心理学上得到证明。现代心理学也不相信纯粹的内省方式,他们信奉行为主义的科学态度,认为内省是建立在个人经验基础上的。卡西尔的态度是:"我们可以批评或怀疑纯粹的内省观察,却不能取消它或抹煞它。"[②]因为如果"没有内省,没有对各种感觉、情绪、知觉、思想的直接意识,我们甚至都不能规定人的心理学的范围"。[③] 无论行为主义者、经验主义者或实证主义者多么强调科学,但是它的根本方式还是内省,即对自身感受的反思。内省和意识是相关的。

2. 摆脱外在的东西才能获得人的真正本性

为了进一步探讨内省和人性的关系,卡西尔试图通过苏格拉底文化与斯多葛学派的马可·奥勒留的作品《沉思录》来做一对比。斯多葛学派要求人们遵从自然去生活,让自己的行动符合理性,过美好的生活。奥勒留公元121年生于罗马,公元162年成为皇帝。他虽为政治家,但从小受到斯多葛学派的教育,醉心哲学。《沉思录》作为古罗马斯多葛学派的最后一部重要典籍,反省了人如何按照宇宙自然之道去生存,如何看待人的本性、死亡、自然、理性等问题。卡西尔将苏格拉

---

① [德]卡西尔:《启蒙哲学》,顾伟铭译,山东人民出版社1988年版,第10—11页。
② [德]卡西尔:《人论》,第4页。
③ [德]卡西尔:《人论》,第4页。

底文化与奥勒留的作品相比较,发现了二者的共同之处,并从中发现了对人的秘密探究的路径。

首先,人的本性要从内部去寻找,要摆脱外在的表面现象。

奥勒留认为,"为了发现人的真正本性或本质,我们首先就必须摆脱人的一切外部的和偶然的特性。"①其最终的目的是从外在、偶然性而进入内在和必然性。唯有如此,才能获知人的真正本性。因为外界的事物是不属于人的东西,也不能称为人的东西,"人的本性与它们(外界事物)无涉,它们不是那种本性的完成。因此,置身于这些东西之中,既不是人生活的目的,也不是目的亦即善的完成。而且,如果任何这些东西确曾与人相关,那么蔑视它们和反对它们则不是人的事,……不过事实上,一个人越是从容不迫地使自己排斥这些和其他这样的东西,他也就越善。"②"所有那些从外部降临到人身上的东西都是空虚的和不真实的。人的本质不依赖于外部的环境,而只依赖于人给予他自身的价值。财富、地位、社会差别,甚至健康和智慧的天资——所有这些都成了无关紧要的。唯一要紧的就是灵魂的意向、灵魂的内在态度;这种内在本性是不容扰乱的。"③所以,奥勒留注重内在的灵魂意向和内在的态度,而其他外部的东西无法真正伤害自我,在他看来,"凡不能使得一个人本身变得比以前坏的,必不能使得他的生活变得

---

① [德]卡西尔:《人伦》,第12页。
② [德]卡西尔:《人伦》,第12页。
③ [德]卡西尔:《人伦》,第12页。

比以前坏,亦必不能从外面或内面伤害到它。"①

其次,达到内在需要的途径就是内省。

斯多葛学派的思想家认为宇宙不是一连串的因果关系,而是有组织的、有理性的体系,是一切事物的和谐的统一体。人是宇宙中的一部分,是一个小宇宙,他自己的本性同万有的本性是同一的。人必须使自己的灵魂清醒,让理性来统率自己,正如它统率世界一样。奥勒留认为,内省,即自我质询,是属人的东西,也是使人成为人的东西。这一点和苏格拉底达成一致,即"自我质询的要求是人的特权和他的首要职责"。②卡西尔认为,在斯多葛学派那里,这种职责和特权有了宇宙学和形而上学的本体论意义,要时刻质询、盘问自我,从而达到自我和守护神、自我和宇宙的和睦相处。"一个与他自己的自我、与他的守护神和睦相处的人,也就是能与宇宙和睦相处的人;因为宇宙的秩序和个人的秩序这两者只不过是一个共同的根本原则的不同表现和不同形式而已。"③那么宇宙的秩序和人的秩序的"共同原则"是什么呢? 就是"永恒秩序",对宇宙来说,永恒秩序意味着宇宙的运行的规律和原则。而对于人来说,我们如何认识永恒秩序,并保持与宇宙同步呢? 生活本身是变动不居的,而我们如何从变动不居中寻找不变的原则? 那就是依靠判断力,"只有靠着我们的判断力才能把握

---

① [古罗马]玛克斯·奥勒留:《沉思录》,梁实秋译,译林出版社2012年版,第42页。
② [德]卡西尔:《人论》,第13页。
③ [德]卡西尔:《人论》,第13页。

它。在人那里,判断力是主要的力量,是真理和道德的共同源泉。"①判断力是理性反思和反省的能力,人必须依靠判断力才能找到秩序,找到生活真正的价值,感受到与自然的同样的律动,"只有在判断力上,人才是整个地依赖于他自己的,判断力乃是自由、自主、自足的。"②

第三,保持个人的独立性。

斯多葛学派提倡静默和沉思,倡导人与自然的和谐一致,同时又在道德上独立于自然。他们力图保持个人的独立性,认为只有这样才能实现美德的理想。"人发现他自己与宇宙处于完全的平衡之中,并且他知道这种平衡一定不会被任何外部力量所扰乱。这就是斯多葛派之'静默'(àταραξία)的双重特性。这种斯多葛主义理论被证明是古代文化最强有力的构成力量之一。"③

卡西尔从斯多葛学派的人类学思想出发,探讨了有关人的主要问题。要想探讨人这种宇宙中独一无二的生物,需要从人类学深入到人的内部去寻找,而非从形而上学或逻辑的角度进行。人有自己独特的性质,如内省、自我判断、追求秩序、沉思、独立性,这是其他生物或物质所没有的。同时人的情感性和精神冲突性也是人类学哲学的独特之处。所以卡西尔指出:

---

① [德]卡西尔:《人论》,第14页。
② [德]卡西尔:《人论》,第14页。
③ [德]卡西尔:《人论》,第15页。

在这里我们可以领悟到人类学哲学最典型的特征之一。像其他哲学研究分支一样,这种哲学不是若干一般观念的一个缓慢而持续的发展过程。甚至在逻辑、形而上学和自然哲学的历史中,我们也发现最尖锐的对立。我们可以用黑格尔的术语把这种历史描述为一个辩证的过程,在这个辩证过程中,每一个正题后面都紧接着一个反题。然而总有一种内在的一致性,一个清晰的逻辑次序,把这种辩证过程的不同阶段连接起来。而另一方面,人类学哲学则显示出完全不同的特征。如果我们想把握人类学哲学的真正意义和重要性,我们必须选择的不是叙事诗的描写方式,而是戏剧的描写方式。因为我们所面临的,不是各种概念或理论的和平进展,而是在各种冲突着的精神力量之间的撞击。人类学哲学的历史充满了人的各种最强烈的激情和冲动。不管它所涉及的范围是多么普遍,它并不关心一个单一的理论问题;在这里,人的整个命运处于存亡攸关之中并迫切要求做出最终的裁决。[①]

以上我们梳理了古代哲学对"人的问题"的解决途径。可以发现,从早期的前苏格拉底哲学到晚期的斯多葛学派哲学,所追求的目标已经从外部世界的认知转入到内部世界的反省。正是对"人的问题"的探求使得人的智性发生了根本的变化。

---

① [德]卡西尔:《人论》,第15—16页。

二、中世纪和文艺复兴时期对人的问题的理解

中世纪兴起的经院哲学,目的在于解说基督教的教义,使之系统化并加以论证。卡西尔指出,经院哲学家"对古希腊文化的崇拜,常常是维持中世纪哲学的一条最强有力的原理"。[①] 但中世纪文化不同于希腊文化,这既表现在宗教、伦理的生活领域,也体现在理论概念中。"他们不得不完全依赖古希腊传统。他们关于这个问题的思想似乎是一种'折衷主义',是柏拉图、亚里士多德和斯多葛思想的混合物,除此而外别无他物。即使在这里,我们不能说它是一种单纯的模仿或翻版。它虽然没有增加任何新的特点,但是由于它是从一种新的视角来观察问题,并且与一个新的中心即宗教生活相关联,因而所有的事物便以一种新的形态呈现出来。"[②] 追寻奥古斯丁和托马斯·阿奎那的思想脉络,可以看到源于古希腊思辨传统和源于犹太教和基督教启示的伦理和宗教的意义之间的张力。这一张力促使他们既十分关注人的问题的解决,又坚定地将这一解决问题的方法回归到上帝和人的关系上。在卡西尔看来,"奥古斯丁是这一思想过程的第一个经典的见证人"。[③]

---

① [德]卡西尔:《国家的神话》,范进等译,华夏出版社2015年版,第98页。
② [德]卡西尔:《国家的神话》,范进等译,华夏出版社2015年版,第98页。
③ [德]卡西尔:《国家的神话》,范进等译,华夏出版社2015年版,第98页。

（一）奥古斯丁：从希腊哲学走向基督教启示的道路

奥古斯丁是早期基督教会最伟大而有创见的思想家，他生活在公元四世纪的基督教时代，又受到了希腊哲学传统的教育，尤其是新柏拉图主义体系对他影响至深，在奥古斯丁的学说中深深地烙刻着柏拉图的"回忆说"的思想印记。受到回忆说的启发，他认为，人的灵魂不可能从外部学习任何东西，所有的知识源泉都源于内在自身。在他看来，"自我认识是首要的必不可少的阶梯，它不仅是所有外部现实知识的先决条件，也是一切关于神的知识的先决条件。"[1]但是在对待真理问题时，奥古斯丁和古希腊导师们的看法发生了分歧。尽管真理发源于内心，但是人自身内在的这种真理并非恒定的真理，若想寻求一个永恒持久的绝对真理，必须超出自我意识和自我存的界限。通过这种超越，奥古斯丁的思想与苏格拉底和柏拉图的思想拉开了距离。"奥古斯丁神学中激励人心的主旨，是新柏拉图主义关于上帝的绝对性和庄严性的思想，脱离上帝的创造物无足轻重。上帝是永恒超验的存在物，是全能、全善和全智的；有绝对的统一性、绝对的智慧和绝对的意志。"[2]他对古希腊的理性精神提出了质疑，认为在基督降生之前的哲学的重大失误就是将人的理性的力量视为最高的力量，因为"寻求'人的'智慧的导师是徒劳无益的"。[3]事实上，

---

[1] ［德］卡西尔：《国家的神话》，范进等译，华夏出版社 2015 年版，第 99 页。
[2] ［美］梯利：《西方哲学史》，葛力译，商务印书馆 2009 年版，第 163 页。
[3] ［德］卡西尔：《国家的神话》，范进等译，华夏出版社 2015 年版，第 103 页。

在奥古斯丁看来,"理性本身是世界上最成问题、最含混不清的东西之一。理性不可能向我们指示通向澄明、真理和智慧的道路。因为它本身的意义就是含糊不清的,而关于它的来源则笼罩着一片神秘——这种神秘只有靠基督教的启示才能解决。"[①]因此,奥古斯丁的哲学是在基督教哲学的基础上试图解决人和神的关系问题的哲学。卡西尔认为这是一种"新的人类学"。

(二)托马斯·阿奎那:理性的发挥必须由上帝引导

中世纪另外一位经院哲学家托马斯·阿奎那返回到了古希腊哲学的源泉,他抛弃了柏拉图灵魂和肉体截然区分的二分法,采用了亚里士多德的哲学方法和概念,认为真正的知识是概念的知识。与亚里士多德一样,他认为概念的形成以感官知觉为基础,凡是智慧所把握的最初都在感觉中出现。对阿奎那来说,"肉体不再是灵魂活动的一个障碍。相反,它是唯一的工具,由于肉体,真实的思想活动才能在人类世界中实现。……人不是一种'复合的混杂物',不是两种不同的和分离的元素的单纯混合;而是一种有机的统一,并以这种方式活动。因而我们不能把他的理性活动同他的知觉活动分割开来。……对于理性知识来说,感觉经验非但不是一种障碍,相反还是理性知识的开端和先决条件;'我们的认识起源于感觉'(principium nostrae cognitionis est a sensu)。"[②]在阿奎那

---

① [德]卡西尔:《人论》,第16—17页。
② [德]卡西尔:《国家的神话》,范进等译,华夏出版社2015年版,第137页。

那里,人的理性有了更多的权力,但是理性的发挥必须由上帝引导。在希腊哲学中,理性是被珍视和引为骄傲之物,也是斯多葛学派的内在原则和守护神,但在中世纪被推翻了。也就是说,人的问题在一步步地变化。应该看到的是,尽管理性——内省、判断、辩证的思考是作为一段时期内人们信奉的原则,但是人并非仅仅是理性的动物,或者说,理性不足以说明人的存在。因为理性在基督教面前也并不能自圆其说。阿奎那坚持认为,最高的善,即古代哲学家的"至善",仅靠理性是无法达到的。

(三)库萨的尼古拉:个体是普遍的真正实现

卡西尔认为,寻找中世纪结束和现代世界开始的明确的点是荒谬的。但是他也并不否认可以在两个时代之间寻找一条智性的分界线。对卡西尔来说,这条界线把超越性的形而上学世界与内在性的科学世界区分开来。中世纪思想的特点是,它有一种通往上帝的普遍等级观念,同时也接受了一种超验性的标准,用以评价和理解这个世界的事物。为了找到绝对的真理,人必须超越自己的有限。而"理性放弃了自己的独立和自律。它不再发射它自身的光芒。它仅借助于一种反射而来的光芒而发亮。如果这种光芒熄灭了,人的理性也就变得懦弱无力了"。① 而文艺复兴时期是教会的权威逐渐削弱、个人开始独立思考的时代。在哲学上,理性开始取代权威,人们认为真理的获得可以通过自由和公正的探究达到,而非通

---

① [德]卡西尔:《国家的神话》,范进等译,华夏出版社2015年版,第99页。

过教会的教权。人们将注意力从天上转移到人间,摈弃旧的事物而渴望新的事物。"文艺复兴思想的理想是在感性中并通过感性来理解可理解的东西,在特殊中并通过特殊来理解普遍。"①这在库萨的尼古拉(Nicholas Cusanus)身上充分地体现出来。他被誉为"十五世纪没有因袭经院哲学的老路,唯一建立有创造性的思想体系"②的哲学家。因为"在《论有学识的无知》这部书的开篇的几个命题中,就产生了一种新的思想,并指出一个全新的总体知识方向了。这里的出发点也是绝对的存在和经验条件的存在之间的对立,即无限的存在和有限的存在之间的对立。但现在这种对立已不再只是武断地设定了;相反,我们必须从它的终极深度去理解它,并通过人类知识的条件去设想它。这种对待知识问题的态度,使库萨的尼古拉成为现代的第一个思想家"。③在库萨看来,理性不能作为认识上帝的源泉,人对上帝要有直接的直觉,达到一种"有学识的无知"(docta ignorantia)状态。他用"圆"来比喻上帝的性质,"它(圆)包罗了存在的一切和不存在的一切;所以,非存在在它里面,就是无限的存在,正如极小在它里面就是极大

---

① Ernst Cassirer, *The Individual and the Cosmos in Renaissance Philosophy*, translated with an introduction by Mario Domandi, Dover Publications, INC. Mineola, New York, 2000, Translator's introduction, ix.
② [美]梯利著:《西方哲学史》,葛力译,北京:商务印书馆 2009 年版,第 255 页。
③ Ernst Cassirer, *The Individual and the Cosmos in Renaissance Philosophy*, translated with an introduction by Mario Domandi, Dover Publications, INC. Mineola, New York, 2000, p.10.

一样。它是一切循环运动的尺度,从潜在到行动,以及从行动回到潜在;它是一切复合体的尺度,从基本要素到个体,以及从个体的分解又回到它们的基本要素;它是完美的循环形式、循环运转以及各种达到它们自身并又回到它们的起点的运动的尺度;相仿地,它也是一切这类运动的尺度,这些运动的统一性在于一个永恒的循环之中。"[①]库萨的神学抛弃了经院学派的一般概念的逻辑,取而代之的是一种新的数学逻辑,这种逻辑强调对立面重合的可能性,并且要求绝对最大与绝对最小的融合,将其作为坚定的原则和知识进步的必要工具。上帝是本质和存在、潜在和现实的统一体,是包含一切矛盾、对立、绝对的融合体,我们无法用概念思维来认知他。在库萨看来,在宇宙秩序中没有绝对的上与下之分,也没有任何一个物体比其他物体更接近或更远离神圣的、最初的存在之源;相反,每一事物都是与上帝直接相关的。因此,在处理个体和宇宙、个别和一般之间的关系时,库萨将宇宙理解为可以分解为无穷无尽的有着无限差异的运动,"每个运动都围绕着自己的中心旋转,所有运动都通过它们与共同目标的关联以及它们对同一宇宙秩序的参与而结合在一起。精神存在也是如此,每一种存在都有其内在的中心,而它对于神圣的参与,恰恰就在于这种中心,在于这种不可分割的个体性。个体性不只是一种局限,相反,它代表着一种可能不会被消灭或消除的特殊价值。只有通过这种价值,'超越存在'(beyond being)的'整

---

① [德]库萨的尼古拉:《论有学识的无知》,尹大贻等译,商务印书馆2009年版,第45页。

一'才能被我们所把握。"①库萨一次次地试图将普遍与特殊、普遍与直接的感性联系起来,因为在他看来,个体并非普遍的对立面,而是普遍的真正实现。正如卡西尔所说:"毫无疑问,文艺复兴将其所有智性生产力都导向了对个人(individual)问题的深入研究。"②

二、近现代时期:17—19世纪对人的问题的认识

(一)帕斯卡尔对"几何学精神"和"微妙的精神"的区分

卡西尔对中世纪的考察发现,奥古斯丁所开创建立的新的人类学在近代的帕斯卡尔那里得到了清晰的表述。帕斯卡尔(Pascal,又译为巴斯噶)是17世纪的数学家和哲学家,由于他在科学领域和哲学领域都独有造诣,因此卡西尔认为,分析帕斯卡尔的理论会对人的问题有更加透彻的理解,也为奥古斯丁的理论提供注释。帕斯卡尔划分了"几何学精神"和"微妙的精神"之间的根本区别。几何学精神遵从普遍性和必然

---

① Ernst Cassirer, *The Individual and the Cosmos in Renaissance Philosophy*, translated with an introduction by Mario Domandi, Dover Publications, INC. Mineola, New York, 2000, p.28.
② Ernst Cassirer, *The Individual and the Cosmos in Renaissance Philosophy*, translated with an introduction by Mario Domandi, Dover Publications, INC. Mineola, New York, 2000, p.35.

性,极为理性,它可以精确分析、还原,因为"几何学精神适用于所有那些可以精确分析——可以被分解为它们的最初组成成分的学科。它从某些公理出发,并且从这些公理推论出真理,这种真理可以被普遍的逻辑法则所证实。这种精神的优点在于它的原理的明晰性和它的演绎的必然性"。① 与几何学精神的明晰性和必然性相比,对"微妙的精神"的理解则诉诸更加复杂的情感和多样性,它不适合于逻辑推理,这正是处理人的问题和几何学问题判然有别之处。"如果世界上有什么东西我们不得不用这第二种方法来处理的话,这种东西就是人的心灵。人之为人的特性就在于他的本性的丰富性、微妙性、多样性和多面性。"② 从这种区别中,卡西尔准确地找到了人的问题和数学问题的区别,"数学绝不可能成为一个真正的人的学说、一个哲学人类学的工具。把人说成仿佛也是一个几何学的命题,这是荒谬的。"③

帕斯卡尔还认为,道德哲学不能根据几何学体系来建立。因为根据几何学体系建立的逻辑学和形而上学的最高法则是不矛盾律,即同一思维过程中,对同一对象不能做出两种矛盾的判断,即不能既肯定它又否定它。这些对象必须是摆脱了矛盾的存在,是具有恒定的本性和同质的真理性对象。但是人并不是这样的对象,人是有矛盾的存在,他是有情感、有血肉、有个性和有生命的存在。哲学家所构建的人的概念,往往

---

① [德]卡西尔:《人论》,第18—19页。
② [德]卡西尔:《人论》,第19页。
③ [德]卡西尔:《人论》,第19页。

只是形而上学的人,而非真实的人,这些概念是未经经验检验的空洞的思辨存在。所以卡西尔指出:"要认识人,除了去了解人的生活和行为以外,就没有什么其他途径了。但是,要把我们在这个领域所发现的东西包括在一个单一的和简单的公式之内的任何企图,都是要失败的。人类生存的基本要素正是矛盾。人根本没有'本性'——没有单一的或同质的存在。人是存在与非存在的奇怪混合物,他的位置是在这对立的两极之间。"①因此,在对人的问题的研究中,卡西尔排除了形而上学和逻辑的方法,接受了帕斯卡尔对几何学精神和微妙的精神的区分,抛弃了哲学上对人的同质化、普遍化的先验设定,而将其探讨的终点放置在人的"行为"和"生活"之中,正是在这样的逐渐排除中,厘清了人的独特性和与众不同的特征。这为后来的对人的理解和阐释铺平了道路。

(二)近代意义的科学精神奠定了新的人类学基础

对人的问题的解答与人的世界观的变化相关,而这一变化又来源于近代科学精神的发展。卡西尔指出,即使在笛卡尔出版《方法论》之后,近代精神仍然同之前对"人的问题"的解答作斗争。之前的两种互不相容的理论仍然存在,一种以早期苏格拉底和斯多葛学派为代表的"人是理性"的存在的观点;另一种则是以帕斯卡尔为代表的"人是神秘"的观点,二者造成了近代精神的分裂。而卡西尔认为,伴随着这种分裂的同时有一种缓慢的智力进展开始了,"由于这种进展,人是什

---

① [德]卡西尔:《人论》,第19—20页。

么?这个问题转变到了——不妨说提高到了——一个更高的水平。这里重要的事情与其说是新的事实的发现,不如说是一种新的思想方式的发现。"①那么,这种新的思想方法是什么呢?是现代意义上的科学精神。这种科学精神建立在两个原则基础上,即"经验的观察"和"普遍的逻辑原理"。17世纪的英国经验主义和法国大陆理性主义是这两大原则的来源,前者认为"没有与生俱来的真理:一切知识都发源于感官知觉或经验,因此,所谓必然的命题根本不是必然或绝对确实的,只能给人以或然的知识。这种观点被称为经验主义或感觉主义"。②而后者则被称为唯理主义的原则,认为,"真正的知识由全称和必然的判断所组成,思维的目的是制定真理的体系,其中各种命题在逻辑上相互有联系。这是关于知识的数学式概念,几乎所有的新思想家都视之为理想。"③这种科学精神奠定了新的人类学基础。新宇宙学,即哥白尼的日心说成为新人类学的可靠的科学依据。它在摧毁地心说的同时,也摧毁了人在宇宙中的地位。

如前所述,人与宇宙的关系是从古希腊到近代一直探讨的问题。古典形而上学和中世纪的宗教神学的共同原则是,宇宙是有层次的,人处于宇宙秩序中的最高层。斯多葛哲学和基督教神学都认为,人是宇宙的目的。两种思想的基本假

---

① [德]卡西尔:《人论》,第22页。
② [美]梯利:《西方哲学史》,葛力译,商务印书馆2009年版,第284页。
③ [美]梯利:《西方哲学史》,葛力译,商务印书馆2009年版,第284页。

定是:"存在着一个普遍的天道,它统治着世界和人的命运。"①但随着近代新宇宙学的出现,人对时空的认知发生了巨大的变化,人被置于一个更大的空间范围之中,之前所有对时空的认识都失去了价值和基础。它打破了人是宇宙目的和中心的信念,人发现自己并非宇宙的中心,或毋宁说,宇宙根本没有中心。"在这种空间中他的存在似乎处在一种孤独的尽头。他被一个不出声的宇宙所包围,被一个对他的宗教情感和他最深沉的道德要求缄默不语的世界所包围。"②人们认识到,宇宙并非人所能控制和把握的,它苍茫无边没有中心,之前人所获得的足以自负的力量目前已无从展开。帕斯卡尔也认为,"这无限宇宙的永恒沉默使我感到惊恐"。③

因此,卡西尔指出:"哥白尼体系成了16世纪发展起来的哲学不可知论和怀疑论的最强有力的工具之一。"这使得人类对世界的认知以及据以生成的信念都发生了剧烈的变化,人类的傲慢被"一种不带偏见的物理宇宙观"所摧毁。蒙田在《为雷蒙·塞邦德申辩》中指出了人的渺小和卑微:"其实,人连宇宙的分毫也不能认识,更谈不上指挥和控制宇宙了。"①正是由于人的渺小、卑微和狭隘,他因此经常以自己的生活为圆心来看待世界,并将自己的特殊的个人生活作为衡量宇宙的标准。而卡西尔讥笑说,如果想认识宇宙,"人必须放弃这种

---

① [德]卡西尔:《人论》,第23页。
② [德]卡西尔:《人论》,第23页。
③ [德]卡西尔:《人论》,第23页。
④ [德]卡西尔:《人论》,第24页。

虚幻的托词,放弃这种小心眼儿的、乡下佬式的思考方式和判断方式。"①所以蒙田认为,"如果武断地判定一件事为虚假,视之为不可能,这无异于自认为有权利在头脑中在为上帝的意志和大自然母亲的威力定出边界和限度。而按照我们的见识和能力来规范母亲的威力和大自然的威力,世界上最大的蠢事,莫过于此了。"②

卡西尔指出,近代宇宙学的发现对人的理性提出了挑战,但新的宇宙学不仅不能削弱理性的力量,反而增强和巩固了理性的力量。尽管从表面上看,宇宙的兴起对于人的问题的解答是个灾难和冲击,但是卡西尔认为,"布鲁诺是第一个踏上这条道路的思想家。"③因为布鲁诺改变了"无限"这一概念的意义。在古希腊语境中,"无限"是一个否定的概念,它无边无际、无规定、无界限、无形式。但是布鲁诺将其从否定的因素转变为肯定和积极的因素——它意味着实在的丰富性,意味着人的理智的不受限制的力量。在布鲁诺看来,"无限的宇宙并没有给人类理性设置界限,恰恰相反,它会极大地激发人类理性。人类理智通过以无限的宇宙来衡量自己的力量从而意识到了它自身的无限性。"④

17世纪的伟大的思想家们,包括伽利略、笛卡尔、莱布尼

---

① [德]卡西尔:《人论》,第24页。
② [法]蒙田:《蒙田随笔》,梁宗岱等译,人民文学出版社2005年版,第174页。
③ [德]卡西尔:《人论》,第25页。
④ [德]卡西尔:《人论》,第26页。

茨以及斯宾诺莎都在为克服这种由于哥白尼体系的发现而引起的理智的危机而努力。如莱布尼茨用他新发现的微积分学来证明物理宇宙是可以理解的。因为根据这种定律,"自然规律被看成为不过是理性的普遍规律之特殊例子而已。"①斯宾诺莎则创立了新的伦理学,这一伦理学是关于情感和爱、关于道德世界的数学理论,这一大胆的创见使得人类学终于摆脱了人类中心主义的偏见和错误,促进人们对关于人的问题的解释又前进了一步,数学理性成为理解宇宙和人关系的通道:"数学理性是人与宇宙之间的纽带,它使得我们能够自由地从一端通向另一端。数学理性是真正理解宇宙秩序和道德秩序的钥匙。"②

(三) 18、19 世纪对人的问题的理解

18 世纪中叶是近三百年来的精神生活的重要转折点,"理性"成为这一世纪的追求和为之奋斗的目标。卡西尔在《启蒙哲学》中借用法国数学家和哲学家达朗贝尔在《哲学原理》中的话来表述这一时代的精神生活的主要趋势:

> 如果仔细考察一下我们生活于其中的 18 世纪中叶,考察一下那些激励着我们,或者至少也对我们的思想、风俗、成就甚至娱乐活动产生了重大影响的事件,就不难看出,我们的观念在某些方面正在发生一种极为显著的变

---

① [德]卡西尔:《人论》,第 27 页。
② [德]卡西尔:《人论》,第 27—28 页。

化,这种变化的速度之快,似乎预示着一种更为巨大的转变即将来临。……我们的世纪因此而被人们特别称为哲学世纪。……如果我们不带偏见地思索一番我们的知识现状,那就无法否认,我们时代的哲学取得了进步。自然科学一天天地积累起丰富的资料。几何学扩展了自己的范围,携带着火炬进入了与它最邻近的学科——物理学的各个领域。人们对世界的真实体系认识得更清楚了,表述得更完美了。……一句话,从地球到土星,从天体史到昆虫史,自然哲学的这些领域中都发生了革命,几乎所有其他的知识领域也都呈现出新的面貌。①

在哲学领域,狄德罗作为18世纪的伟大的哲学家,其非凡之处在于,"他代表了启蒙运动的一切理想,而又开始怀疑这些理想的绝对权利。"②狄德罗认为,我们不应该满足于比较、组织已有事实并将其系统化,而更应注重如何去发现事实。他预言数学思想将停顿下来,因为18世纪的大数学家们已经达到了赫拉克勒斯的界柱。他期待一门新形式的科学的兴起,即"一门更富于具体性,以对事实的观察而不是以一般原则的假设为基础的科学"。③ 19世纪的理智结构发生了变化,数学思维被生物学的思维所代替,成为新的力量。这是以达尔文为界出现的有趣的变化,从此哲学被认为真正站在了

---

① [德]卡西尔:《启蒙哲学》,顾伟铭译,山东人民出版社1988年版,第1—2页。
② [德]卡西尔:《人论》,第29页。
③ [德]卡西尔:《人论》,第29页。

人的立场上,而不是沉溺于思辨之中。由此,"我们不必寻找一个关于人的本性或本质的一般定义。我们的问题只是收集经验的证据,而进化的一般理论已经在一个丰富充裕的范围内为我们提供了这样的证据,以让我们支配。"①当然,对于哲学思想来说,经验事实的呈现无法解决问题,更需要对事实的理论解释。卡西尔在这里对经验事实和理论解释做了比较,对于哲学来说,我们对事实的解释反比事实本身更重要。经验事实是客观存在的,而理论解释是人建构的。

从而,卡西尔看到了进化论思想中的形而上学倾向,而这种倾向是很少有人承认的"一个潜在的激发力量"。卡西尔认为,进化论并非近代的成就,在古希腊的亚里士多德心理学和有关有机生命观中就已经有了表述,"亚里士多德进化观和近代进化观之间最突出的基本区别是在于这一事实:亚里士多德给予了一个形式的解释,而近代人则试图给予一个质料的解释。"②换言之,进化论在亚里士多德那里强调的是结构和形式的因素,而在现代进化论中,则强调的是质料和经验的因素。卡西尔认为,后者缺乏的是前者的目的论结构。

在《形而上学》中,亚里士多德对质料和形式的关系进行了探讨,从中我们可以看到其中的现实和潜能的关系。亚里士多德说:"对青铜的圆形是什么,我们有两种说法,就质料而言我们说是青铜,就形式而言我们说是某种图形,是最初含蕴在其中。青铜的圆在其原理中具有质料。事物从质料中生

---

① [德]卡西尔:《人论》,第 30 页。
② [德]卡西尔:《人论》,第 30 页。

成,倘若一旦生成,就不称为那种质料,而是称为那种质料的。例如雕像也不称为石头,而称为石头的。……事物并不以它所出的东西为名称,由此木质雕像不称为木头,而是改变了它的词类,称为木头的;不称青铜,而称青铜的;不称石头,而称石头的;称为砖的房屋,而不称为砖头。……由此生成的某物,是要改变的,而不总是保持原状。"[1]这里我们可以看出,质料只是事物形成的最初阶段,而一旦事物成形之后,质料就居于次要地位,而形式则居于质料之前。形式是生成变化的原因,即构型的原因。雕塑之所以成为雕塑的原因不是质料,而在形式。同时,根据亚氏的质料和形式(潜能和现实)的辩证关系来看,艺术依赖于将事物的潜能变成现实,将质料中的潜在的形式显现出来,成为现实。从而形式的生成性和创造性也在这里得到了初步的论述,"构型"的特征在这里显示出来。

在亚里士多德看来,灵魂是一种可能性,它包含着生命,但它只是一种潜在的东西,是未形成生命的存在。"有机生命是根据人类生命来认识和解释的。人类生命的目的论特性被投射到了自然现象的全部领域上。"[2]在这里,人类生命,是生命的构型和范式,犹如先验的存在结构。而有机生命则是完成的生命体,是经验的和后天的。有机生命按照人的生命解释,即人虽然是有机生命的一部分,但是有机生命却都被赋予

---

[1] [古希腊]亚里士多德:《亚里士多德全集·形而上学》,苗力田译,中国人民大学出版社1993年版,第165页。
[2] [德]卡西尔:《人论》,第30页。

人的特征,按照人的目的论的方式来理解。但是近代以降,这种从人的生命的角度去解释有机生命的目的论方式被抛弃了,达尔文的理论从质料因或经验证据来解释进化。即认为要从生物进化的角度来理解人,意味着从质料因去理解有机界的结构,从最低生物的进化来理解生命。在亚里士多德看来,质料因是偶然的、可变的、无法恒定的。而达尔文就是从生命的偶然性出发来找寻其内在的必然。这在他的著作《动物和植物在家养下的变异》中得到很明确的阐释。各种各样的动植物起先都是同一个祖先的后裔,它们后来之所以能够天壤之别是从最简单的变异性引起的。而且长期以来,由于整个有机体的不断变异,产生了自身集体的可塑性和对周围环境的适应,从而形成了多样化和相互之间关系的调和。

  进化论是人类学哲学得以成型的前提,它消除了有机生命的不同类型之间的人为的界限,强调了连续不断的生命流动性和变化性。而一个真正的人类学哲学是与一般物理学、哲学和形而上学判然有别的,因为前者要考虑到生命、有机、变异、流动和时间等。卡西尔借用进化论和人类学的方法来探讨文化问题,他的疑惑是,这种人类学哲学的方法是否适合于人类生命和人类文化的研究?这里我们看到卡西尔理论的游移之处,他认为,人类学的方法承认有机世界是由偶然的变化所构成的,它们不具有一个目的论的结构。所谓目的论(teleology),最早从希腊文中演化而来,即由"telos"和"logos"所组成的,兼有"理性"和"逻各斯"的双重蕴含。它首先指的是宇宙中存在目的或设计证据的学说,尤指这提供了设计者存在的证据；其次认为某些现象最好用目的而不是原因来解释的观点；再次，指的是对这种现象的系统研究。① 而海德格尔将目的表述为"通过知识活动能知地展示一切知识光芒的这一最高与至极的焦点"。② 如亚里士多德会将所有的变化当作是从潜能到现实的过程，从一粒种子成长为参天大树是一个有机的过程，大树只有完成了种子所规定的情况下才能生成为"是其所是"③。而当某物是"是其所是"时，是就形式方面来言说的。

从上可见，卡西尔并不排斥进化论，但他批评了达尔文对进化论的解释。在他《知识问题》(*The Problem of Knowledge*)的关于"作为教条和知识原则的达尔文主义"(Darwinism as a Dogma and as a Principle of Knowledge)部分中，他对达尔文思想的经验性进行了批评。达尔文的书"展示了他是如何收集一块又一块的石头，仔细检查每一块石头的瑕疵，并将其与其他石头相匹配，直到最后整个建筑完成的过程。……达尔文意识到有义务通过与事实的比较一遍遍地验证每一个细节，只有当这种检查完成后，他才在坚实的基础

---

① https://www.thefreedictionary.com/teleology，2021年5月16日星期日。
② [德]海德格尔：《谢林论人类自由的本质》，薛华译，中国法制出版社2009年版，第59页。
③ 在《形而上学》一书中，可以看到亚里士多德对形式"是其所是"的解释。如"动物的灵魂（即有生命东西的实体），就是理性实体，是形式，是特定身体其所以是的是。"（亚里士多德：《亚里士多德全集·形而上学》，苗力田译，中国人民大学出版社1993年版，第172页。）

上相信自己。"[①]卡西尔认为,人类学或现代进化论的方法缺乏结构和形式因素。在卡西尔看来,结构就是形式,它是必然性和规律性,是目的,也是先验性的。而经验事实则是偶然性的构成,是累积和相加,但是不具有必然性和规律性,它是亚里士多德的质料。所以,破悉人类社会的规律性和结构,就是"在复杂的人类生活的转动装置中,……找出使我们的整个思想和意志机器开动起来的隐蔽的传动力"[②]。

到这里,我们已经意识到卡西尔思想的复杂辩证性。一方面,他质疑人类本性的统一性。"所有这些理论的主要目标是要证明人类本性的统一性和同质性。但是如果我们考察一下这些理论所欲提供的各种解释时,人类本性的统一性却显得是极其可疑的。"[③]但另一方面,卡西尔反对彻底的经验论,因为经验事实对于人类的必然性和规律性的结构无济于事。在对从古代哲学到近代哲学的人的概念的阐释中,卡西尔批判了近代进化论的经验性特征,赞赏了亚里士多德目的论的结构性和先验性。经验论者提供事实,并限于陈述事实,无法找到结构,"他们对经验证据的解释却从一开始起就包含着一个武断的假定——并且当这种理论进一步呈现出一副更加精致和深奥微妙的样子来时,这种武断性就变得越来越明显。

[①] Ernst Cassirer, *The Problem of Knowledge*, trans. William H. Woglom and Charles W. Hendel, New Haven: Yale University Press, 1950, p.161.
[②] [德]卡西尔:《人论》,第34页。
[③] [德]卡西尔:《人论》,第34页。

尼采公开赞扬权力意志,弗洛伊德突出性欲本能,马克思则推崇经济本能。每一种理论都成了一张普罗克拉斯蒂的铁床,在这张床上,经验事实被削足适履地塞进某一事先想好了的模式之中。"①而当关于人的理论失去了它的理智中心时,得到的是思想的无政府状态,即有质料而无形式、有经验而无结构的状态,没有形成一个统一的方法。

卡西尔指出,19世纪所面临的状况是,"心理学、人种学、人类学和历史已经积累了丰富得令人惊异并且仍在不断增长的大量事实。我们用于观察和实验的技术工具已经得到了极大的改善,我们的分析力变得更加敏锐、更加深刻。"②但是我们在这些大量的、丰富的资料面前束手无策。"我们似乎还没有找到一种方法来掌握和组织这种材料。"③只有将事实的材料组织、规范和结构化,才能为我们所用。因为,"事实的财富并不必然就是思想的财富。除非我们成功地找到了引导我们走出迷宫的指路明灯,我们就不可能对人类文化的一般特性具有真知灼见,我们就仍然会在一大堆似乎缺少一切概念的统一性的、互不相干的材料中迷失方向。"④这里,卡西尔已经在为后面的符号形式思想打下伏笔,因为人类文化是由人所创造的,而在这些纷繁复杂的人类文化中,总有一条隐秘的线索贯穿其中,只有把握了这条线索,才能够对"人是什么"这一

---

① [德]卡西尔:《人论》,第34—35页。
② [德]卡西尔:《人论》,第36页。
③ [德]卡西尔:《人论》,第36页。
④ [德]卡西尔:《人论》,第36—37页。

问题做出回答。因为"人性"是"形式"得以产生、发展和繁荣的绝对普遍(因而也是唯一的)媒介。[①]毋宁说,符号和形式作为卡西尔将人和文化联系起来,并借此来认识世界、认识自身的重要手段,具有"指路明灯"的意义。

[①] [德]卡西尔:《人文科学的逻辑》,沉晖等译,中国人民大学出版社1991年版,第17页。

第二章　人是符号形式的产物：卡西尔对人的问题的解读

卡西尔认为,人既不是形而上学给定的产物,也无法用单一性和同质性的性质来规定,他是在自身实践中不断生成、构形、创造的结果,是"符号形式"的产物。由于符号形式的功能性、有机性、生命性、间接性等特征,使人摆脱了动物的被动、直接和"刺激—反应"性质,从而构建了特有的、属人的文化形式。从而使人的问题得到了全新的解读。

一、符号形式的理论溯源和内涵分析

（一）对新康德主义的继承和超越

卡西尔的早期哲学是在新康德主义背景下形成的。作为马堡学派的主将柯亨和纳托普（Paul Natorp）的学生,卡西尔的学术受到了他们显著的影响。卡西尔的哲学重视认识主体在建构现实经验和形成知识方面所发挥的巨大作用。他的第一部系统性的有关数学的著作是 1910 年所著的《实体与功能》(*Substance and Function*),这一著作明确地论述了 19 世纪后期数学和数理逻辑基础的发展,对 20 世纪的数学和自然科学哲学产生了深远的影响,从而使得卡西尔迈出了超越柯亨哲学的重要一步。"纯数学描述的是抽象的'秩序系统'(我们现在称之为关系结构),其概念绝不能被抽象主义或归纳主义哲学所容纳。然后,卡西尔运用这种19世纪末特有的数学'形式主义'概念,创造了一种新的、更抽象的知识发生概念的形式。"[1]

卡西尔对爱因斯坦广义相对论的吸收,是他思想发展分水岭的标志。这为他提供了一个动力,对以往的马堡学派的观点进行拓展和扬弃。1921年卡西尔首次正式宣布了一个广义的"符号形式哲学"的计划,这被认为是"广义相对论假设"的哲学扩展。卡西尔对从笛卡尔到黑格尔的现代唯心主义形而上学进行了全面批判,认为这些哲学将人类世界的具体性和多样性特征还原为一个具有理性秩序的概念体系的做法是错误的,其所产生的结果是,"在所有文化形式中,似乎只有逻辑、概念和认知,享有真正的自主性。"[2]卡西尔从而提出了不同的方法和原则,即从意义和符号形式出发而非从逻辑和概念出发。这种符号形式"在每一种基本文化形式中反复出现,但没有两种形式具有完全相同的形状"。[3] 神话、宗教、艺术、历史和科学都作为自主性的符号形式而呈现出来,但它

---

[1] *https://plato.stanford.edu/entries/cassirer/*
[2] Ernst Cassirer, *The Philosophy of Symbolic Forms*,(Vol.1), *Language*, Yale University Press,1955, p.83.
[3] Ernst Cassirer, *The Philosophy of Symbolic Forms*,(Vol.1), *Language*, Yale University Press,1955, p.84.

们不会被强迫进入一个单一的、理性的概念体系。从而他将自己与新康德主义拉开了距离:"符号形式哲学不是专门研究或主要研究纯科学的对世界的精确构想,它与人类对世界的理解所假定的所有形式有关。"①质言之,哲学中应融入更加广泛的人类经验,文化的统一不应该是理性的统一,各种形式的文化不是普遍能力的产物,而是我们符号形式自我表达的一部分。符号形式作为美学的、伦理的、宗教的、科学的整体,被卡西尔想象为处于一种非常相似的关系中。②

克罗伊斯认为,"无论卡西尔在发展符号形式哲学之前如何看待马堡学派的认识论哲学概念,他后来的思想已经远远超越了马堡学派。"③但是由于卡西尔的新康德主义形象太深入人心,所以,他不得不经常遭受"片面理性主义"的指责。尽管卡西尔本人曾谨慎而明确地与这一哲学思潮保持距离。早在1929年瑞士的达沃斯论坛上,卡西尔就对海德格尔对新康德主义的定性持保留态度,他说:"海德格尔所说的'新康德主义'意味着什么呢? 这实际上不是他对自己的称呼吗? 人们应该从功能的角度来看待新康德主义,而不是将其视为一个实体。重要的是,哲学不应该作为一个教条体系,而是作为提

---

① Ernst Cassirer, *The Philosophy of Symbolic Forms*, (Vol.3), The Phenomenology of Knowledge, Translated by Ralph Manheim. Yale University Press, 1957, p.13.
② 参见 *https://plato.stanford.edu/entries/cassirer/*
③ John Michael Krois, *Cassirer Symbolic Forms and History*, Yale University Press, New Haven and London, 1987, p.37.

出哲学问题的某种方式。"①而在1939年所写的"什么是'主观主义'?"(Was ist Subjektivismus)这篇文章中,卡西尔明确表达了这种区别:"我自己经常被归类为'新康德主义者',我之所以接受这个称号,是因为我在理论哲学领域的全部工作都以康德在《纯粹理性批判》中提出的方法论基础为前提。但是,在今天的哲学文献中,许多属于新康德主义的学说不仅对我来说是陌生的,而且与我自己的观点是对立和矛盾的。"②事实上,在海德格尔看来,"新康德主义传统"意味着将康德工作简单化为一种认识论,其目标是验证数学和物理科学中的知识。而卡西尔的《符号形式的哲学》的出版意味着他的观点已经超越了马堡学派将科学看作所有知识原型的观点。③ 卡西尔的观点非常明确,他指出,只有在"理论哲学"领域,他的哲学"预设"了康德《纯粹理性批判》中提出的方法论原则。然而,"预设"并不意味着继承。显然,卡西尔的哲学作为"理性批判"向"文化批判"的转化,从一开始就意在超越理论哲学的界限,从而留下了理论理性与实践理性的二元论。

学者恩诺·鲁道夫(Enno Rudolph)认为,卡西尔在三个方面超越了新康德主义的立场,并对康德的理论进行了重构。

---

① Carl H.Hamburg, *A Cassirer-Heidegger Seminar*, Philosophy and Phenomenological Research, xxv, 1964, p.213.
② Ernst Cassirer, *Was ist 'Subjektivismu'?* in his Erkenntnis, Begriff, Kultur (Hamburg: Meiner, 1993), p. 201.
③ Donald Phillip Verene, *Kant, Hegel, and Cassirer: The Origins of the Philosophy of Symbolic Forms*, Journal of the History of Ideas, Vol. 30, No.1(Jan.-Mar.,1969), p.33.

这三个方面包括"科学哲学、历史哲学和文化哲学"。[①]在科学哲学层面,卡西尔对莱布尼茨理论的运用表明了他与康德的距离,莱布尼茨的科学理论构成了卡西尔在相对论中解释空间概念以及在量子物理学中解释物质概念的出发点。在历史哲学层面,卡西尔通过拒绝接受康德所使用的目的论而与康德拉开了距离。这种目的论不仅是康德在《判断力批判》中的目的论和自然论中的一种启发手段,而且是康德作为道德进步的发展来解释历史的一个因素。而在文化哲学方面,卡西尔是以统一的文化现象和文化人类学代替了康德的对整个人类活动的二元看法。洛夫斯(Steve G.Lofts)认为,卡西尔的符号哲学"既不是新康德主义,也不是新黑格尔主义,而是一种综合了赫拉克利特关于 λογοσ(逻各斯)和 κόσμος(秩序)的概念、康德的先验哲学和图式主义、纳托普的心理学、歌德对'有机形式'或'形态'的理解,以及他的 Urphänomen(本原现象)概念,谢林和黑格尔关于自我反思和自我发展的概念,莱布尼茨和赫兹(Heinrich Rudolf Hertz)的符号理论、洪堡的语言学,从基于物质的物理学到场理论的运动,以及胡塞尔的意向性概念等的结果。"[②]从卡西尔本人的知识系统来看,他力图将所吸收到的思想做一个综合和统一。在他看来,哲学的重

---

① Enno Rudolph, *One Symbol and History: Ernst Cassirer's Critique of the Philosophy of History*, *The Symbolic Construction of Reality*, Edited by Jeffrey Andrew Barash, The University of Chicago Press, Chicago and London, 2008, p.4

② Steve G. Lofts, *Ernst Cassirer: A "Repetition" of Modernity*, State University of New York Press, 2000, p.21.

要任务是对世界和人性统一性以及共同的文化主题的寻找和认识。"一个文化哲学是从这样的假设出发的:人类文化的世界并不是杂乱分离的事实之单纯集结。它试图把这些事实理解为一种体系,理解为一个有机的整体。"①这种追求世界结构联系的主张一直深嵌在卡西尔的头脑之中,并且这种联系并非实体的联系,而是功能和形式的联系,或符号的联系。功能性的统一是辩证的统一,是动态的平衡和对立面之间的和平相处,在这种统一性的前提下,"人不再被看成是自在地存在着并且可以被他自身所认识的一种单纯的实体。"②卡西尔认为,人的心智往往追求一种普遍的人性理想,而这种人类理想使得各门文化和学科虽然差异很大,但却能"通过它们共同基础的关系而连接和融贯在一起。这个基础,在《判断力批判》中被称为'明了的人性根基'……这使所有不同的人类心智力量可以参照并在其中获得其统一和谐的思想"。③由此,"各种各样表面上四散开的射线都可以被聚集拢来并且引向一个共同的焦点。在这里事实被化为各种形式,而这些形式本身则被假定为具有一种内在的统一性。"④因此卡西尔认为,"文化哲学也许可以被称作对形式的研究,然所有这些形式倘不与

---

① [德]卡西尔:《人论》,第348页。
② [德]卡西尔:《人论》,第349页。
③ [德]卡西尔:《符号·神话·文化》,李小兵译,东方出版社1988年版,第39页。
④ [德]卡西尔:《人论》,第348页。

一个共同目标相关联,是不能被理解的。"①

(二)从先验形式到文化形式:康德到卡西尔的形式路径

卡西尔的符号形式理论是在康德的框架内提出并发展的。他将符号形式的方法描述为"试图在更全面的意义上陈述先验问题本身"。② 而为了达到这个目的,就必须超越康德的框架,因为"符号形式哲学并不是单纯地或主要地研究科学的、确切的世界观。它关注的是人类对世界的认识所采取的形式。它试图从多样性、整体和几种表达的内在区别中理解这些形式。在每一阶段,对世界的'理解'都不是单纯的接受,也不是对给定的实在结构的重复,而是包含了精神的自由活动。所有对世界的真正理解都是建立在某些基本的路径上的,这些路径与其说是基于反思,不如说是基于精神的形式"。③卡西尔的符号形式哲学是对先验哲学的一种转换。因此,要理解卡西尔的哲学,首先要理解卡西尔所说的"先验问题"。

康德先在《纯粹理性批判》,后在《未来形而上学导论》中提

---

① [德]卡西尔:《符号·神话·文化》,李小兵译,东方出版社1988年版,第33页。
② Ernst Cassirer, *The Philosophy of Symbolic Forms*, (Vol.3), *The Phenomenology of Knowledge*, Translated by Ralph Manheim. Yale University Press, 1957, p.13.
③ Ernst Cassirer, *The Philosophy of Symbolic Forms*, (Vol.3), *The Phenomenology of Knowledge*, Translated by Ralph Manheim. Yale University Press, 1957, p.13.

出了"先验"的概念。在后一部作品的陈述中康德旨在纠正《纯粹理性批判》带给读者的误解,将"先验"(transzendental)一词从"超验"(transzendent)的概念中分离出来:"'先验'这个词……并不意味着超越一切经验的什么东西,而是指虽然是先于经验的(先天的),然而却仅仅是为了使经验知识成为可能的东西说的。如果这些概念超出经验范围,它们的使用就叫做超越的使用,要把这种使用同内在的使用,即限制在经验范围之内的使用,区别开来。"[①]事实上,先验是指我们与"认识能力"的关系,而不是我们与事物之间的关系。[②] 康德在《纯粹理性批判》中给出了先验的两个定义,从中我们可以看出他是如何思考和构建他的先验哲学,以及如何看待认识对象和认识能力之间的关系的。首先,康德指出:

> 我把一切与其说是关注于对象,不如说是一般地关注于我们有关对象的、就其应当为先天可能的而言的认识方式的知识,称之为先验的。这样一些概念的一个体系就将叫作先验—哲学。[③]

这里,康德将先验哲学明确定位于关注"认识方式"而非

---

① [德]康德:《未来形而上学导论》,庞景仁译,商务印书馆1997年版,第172页。
② [德]康德:《未来形而上学导论》,庞景仁译,商务印书馆1997年版,第57页。
③ [德]康德:《纯粹理性批判》,邓晓芒译,杨祖陶校,人民出版社2004年版,第19页。

"认识对象",从而实现了朝向"认知能力"和远离"认识对象"转向的第一步。康德有关先验问题的第二个定义为:

> 并非任何一种先天知识都必须称之为先验的,而是只有那种使我们认识到某些表象(直观或概念)只是先天地被运用或只是先天地才可能的、并且认识到何以是这样的先天知识,才必须称之为先验的(这就是知识的先天可能性或知识的先天运用)。因此不论是空间,还是空间的任何一个几何学的先天规定,都不是一种先验的表象,而只有关于这些表象根本不具有经验性的来源,以及何以它们还是能够先天地与经验对象发生关系的这种可能性的知识,才能称之为先验的。同样,若把空间运用于一般对象,这种运用也会是先验的:但若只是限制于感官对象,这种运用就是经验性的。所以先验的和经验性的这一区别只是属于对知识的批判,而不涉及知识与其对象的关系。①

这一定义进一步明确了先验问题与人的认识能力的关系,先验知识是作为先天的认知模式的知识,从而为新康德主义对它的接受奠定了基础,也提供了新康德主义超越康德的可能性。赫尔曼·柯亨曾出版了《康德理论》(*Kants Theorie der Erfahrung*)一书,在其中柯亨将康德的先验理论解释为

---

① [德]康德:《纯粹理性批判》,邓晓芒译,杨祖陶校,人民出版社2004年版,第55页。

"方法",他指出:"先验方法是通过康德对牛顿的自然哲学数学原理的反思而历史地产生的。"[1]通过对先验方法的接受和应用,柯亨消除了康德哲学中所有的静态给定性,将科学和哲学设定为建构和生成的范畴。柯亨对康德的诠释给卡西尔留下了深刻和持久的印象。卡西尔在学生时代就买下了柯亨的《康德理论》一书,他认为,先验的方法为哲学提供了一个坚实可靠的基础。他后来为《大英百科全书》写就的名为"新康德主义"("Neo-Kantianism")的文章中指出:"柯亨第一次对整个康德体系进行了批判性的解释,尽管它渗透到了康德基本学说的具体细节中,但仍然将一个单一的系统观念置于研究的中心展开调查,这就是'先验方法'的思想。"[2]

理解卡西尔对康德创造性接受的第二个关键问题是"先验图式"。"图式"(scheme)是康德为了连接感性直观和知性纯粹概念而提出的概念。"图式"本身来自希腊词 skhēma(形状),意为"形状",或者更一般地表述为"计划"。复数是 skhēmata(形状)。在英语中,schemas 和 schemata 都被用作复数形式。[3] 康德在《纯粹理性批判》的"原理分析"中认为,虽然感性直观和知性纯粹概念都已经论述清楚了,但是如何将二者联系起来是一个问题。因为纯粹知性概念和经验直观相

---

[1] Cohen, *Kants Theorie der Erfahrung*, p.94. quote from John Michael Krois, *Cassirer Symbolic Forms and History*, Yale University Press, New Haven and London, 1987, p.40.

[2] John Michael Krois, *Cassirer Symbolic Forms and History*, Yale University Press, New Haven and London, 1987, p.38.

[3] *https://en.wikipedia.org/wiki/Schema*

比是异质的,而"每当把一个对象归摄到一个概念之下来时,对象的表象都必须和这概念是同质的,就是说,这概念必须包含有归摄于其下的那个对象中所表象出来的东西,因为这里所表达的意思恰好是:一个对象被包含在一个概念之下。"① 所以,康德指出,我们必须建立一门"判断的先验学说",主要是"指出纯粹知性概念如何能一般地应用于现象之上这种可能性"。② 因而他认为:"必须有一个第三者,它一方面必须与范畴同质,另一方面与现象同质,并使前者应用于后者之上成为可能。这个中介的表象必须是纯粹的(没有任何经验性的东西),但却一方面是智性的,另一方面是感性的。这样一种表象就是先验图式。"③ 因此,图式是既纯粹又不纯粹的存在,它是一个第三者,既是纯粹知性的,没有任何的经验内容,但是又是感性的,能够处理经验的杂多。图式作为感性和知性的中介和交叉点,显然具有感性和知性的双重性质。说它是感性的,又不是具体的感性形象,而是指向概念的抽象的感性,是感性的抽象化;但是它并不等于概念,而是概念的图式化,实际上是感性的符号。先验图式成为感性通往理性或知性的通道和桥梁。因此,图式是一种抽象化、形式化的感性,是使

---

① [德]康德:《纯粹理性批判》,邓晓芒译,杨祖陶校,人民出版社 2004 年版,第 138 页。
② [德]康德:《纯粹理性批判》,邓晓芒译,杨祖陶校,人民出版社 2004 年版,第 138 页。
③ [德]康德:《纯粹理性批判》,邓晓芒译,杨祖陶校,人民出版社 2004 年版,第 139 页。同时参照曹俊峰《康德的图式学说》中的译文,载于《社会科学战线》,1994 年 6 期。

感性直观的东西和知性概念发生关系的方式。

在《符号形式的哲学》一书的导言中,查尔斯·亨德尔(Charles W. Hendel)专门谈了图式的问题。认为图式是统一的表象,是综合的媒介,图式包含范畴,但包含的数量超出了范畴所能提供的数量。从这一角度来说,图式优于范畴,因为它更充分,图式是感性—知性形式。亨德尔指出:"值得特别注意的是康德的图式概念在卡西尔自己的思想中有多么重要。在卡西尔所著的《康德的生平和学说》(*Kant's Life and Thought*,1916)中,卡西尔将图式的概念作为康德构建从《纯粹理性批判》到《判断力批判》的关键点,而后者被卡西尔表述为'先验图式主义进一步发展的结果'。"[1]

图式是统一的"表征",是一种合成的"媒介",在这种媒介中,知性形式和感官直觉被同化,从而构成经验。因此,康德强调图式并非任何经验的概念或事物的形象,并不具有任何内容的实体,而是一种构造方式、结构原则或结构功能。卡西尔在《符号形式的哲学》第一卷《语言》中对康德的"图式"做了如下概括:"对于康德来说,纯粹理性的概念只有通过第三方中介才能应用于感性直觉中,在第三方中,尽管前二者截然不同,但必须达成一致——他在'先验图式'中发现了这一中介,

---

[1] Ernst Cassirer, *The Philosophy of Symbolic Forms*, (Vol.1), *Language*, Yale University Press, 1955, Introduction by Charles W. Hendel, p.14.

从而理性和感性完全结合在一起。"①康德的"先验图式"无疑对卡西尔的研究影响巨大,亨德尔认为,德国哲学从费希特到黑格尔,后康德哲学家们在解决这一问题所做的种种尝试,不应被理解为仅仅是由于不同哲学家的主体特质所致,而应被理解为是康德图式学说朝向更具体化发展的结果,这种发展包含着丰富的启发性。在第三批判中,有很多问题涉及事物本身、先验的和综合的统一以及形式和物质的对立,但是这些都围绕着一个最古老的哲学问题之一的新概念,即"普遍和特殊的关系",这些都源自图式学说。② 而卡西尔在《康德的生平和学说》一书中也认为:"图式使我们确定了我们未来思考的主线。"③

康德的"先天综合判断"就是结合先天形式和后天材料的能力。卡西尔将康德的这种先验认知能力推及到人类文化之中并进一步具体化,成为人创造并使用符号的能力。他力图找到规范经验材料和直观事实的结构范式,卡西尔接受和改造了康德的"图式"原则,在此基础上将解决科学知识的原则

---

① Ernst Cassirer, *The Philosophy of Symbolic Forms*, (Vol.1), *Language*, Yale University Press, 1955, p.200.
② Ernst Cassirer, *The Philosophy of Symbolic Forms*, (Vol.1), *Language*, Yale University Press, 1955, Introduction by Charles W. Hendel, p.14.
③ Ernst Cassirer, *Kants Leben und Lehre*, esp.Chap.3, pp.21. Quoted from Ernst Cassirer, *The Philosophy of Symbolic Forms*, (Vol.1), *Language*, Yale University Press, 1955, Introduction by Charles W. Hendel, p.15.

和方法推及到其他文化领域,也即探究如何将"丰富得令人惊异并且仍在不断增长的大量事实"[①]用一种结构规范统一起来,即将其形式化成为人类可以把握和认识的文化存在,因为"人类理性生活在形式的王国之中并且能理解的只是各种形式"[②]。卡西尔力图找寻的就是这样一种组织形式,他说:"'世界',亦即一种客观秩序和规定,个体无论何种场合下连结和参与一个'共同世界',世界就会呈现出来。"[③]而他也明确指出,"文化哲学也许可以被称作对形式的研究"[④]。"当形式概念不复存在之后,人文科学也就随之解体。在语言学、艺术科学和宗教科学中我们所要认识的,其实不过就是'形式'。"[⑤]所以他认为,"不仅要探究世界的科学认知的一般前提,还应该从它的特殊方向和特征的精神形式尽可能地十分清晰地区分人类对世界的理解和多种基本形式的领会。只有当这一人类精神的'形态学'至少在总体框架上被构建起来,我们才有希望获得人文科学更加清晰可靠的独特的研究方法。"[⑥]

[①] [德]卡西尔:《人论》,第36页。
[②] [德]卡西尔:《人论》,第25页。
[③] [德]卡西尔:《人文科学的逻辑》,沉晖等译,中国人民大学出版社1991年版,第47页。
[④] [德]卡西尔:《符号·神话·文化》,李小兵译,东方出版社1988年版,第33页。
[⑤] [德]卡西尔:《人文科学的逻辑》,沉晖等译,中国人民大学出版社1991年版,第144页。
[⑥] Ernst Cassirer, *The Philosophy of Symbolic Forms*, (Vol.1), *Language*, Yale University Press, 1955, p.69.

因此,卡西尔对康德图式的改造表现在将"图式"转化为"符号"。但事实上,在康德的《判断力批判》中,康德就曾使用过"符号"一词,用以沟通知识和道德。康德曾提出"美是道德的符号"(symbol,也译为象征),而这应从康德体系中的"道德"概念辨析说起。康德认为,道德(德性)是绝对的、无条件的、先验的,无相应的感性直观存在,不能用知性范畴去认识。"但这种本原性的德性,也并不是虚无缥缈、完全不可捉摸的,它虽然没有感性直观与它结合,因而永远是'理想的',不能成为真实的,但却可以在'美'(艺术)中显示出来,因为通过这种方式显示出来的不是真实的世界,所以它是象征性的世界,也就是说,是那个真实世界的一个摹本(附本),一个符号。"[①]

在人类文化的探究中只依靠质料(经验)而不找到结构(形式)的做法是卡西尔所力求摒弃的,他认为,"我们必须假定它们具有一定的结构——我们的心理学和文化理论的头等重要的任务之一就是去发现这种结构。"[②]可见,卡西尔哲学的主要目标是找到各门学科和文化的结构规则,他认为,只要找到了这一规则,人类文化才有被破译的可能。因此他说:"神话、宗教、艺术、语言,甚至科学,现在都被看成是同一主旋律的众多变奏,而哲学的任务正是要使这种主旋律成为听得出的和听得懂的。"[③]

---

① 叶秀山:《思·史·诗——现象学和存在哲学研究》,人民出版社1988年版,第13页。
② [德]卡西尔:《人论》,第34页。
③ [德]卡西尔:《人论》,第111页。

在卡西尔的著作中，时刻传递着他对形式和结构的重视。卡西尔强调，理解需要一个特定的模式和结构范式，符号形式正是着眼于这一问题进行的。卡西尔从康德理论中吸收和保持的也是世界统一性的结构模式，在纷繁复杂的物质和现象世界中力求找寻一个作为支点的"阿基米德点"。在探讨人的本质的过程中，卡西尔认为人类生活和文化都不是由偶然的变化所决定，它们具有明确的目的论结构，人的本质和文化的本质不能从经验事实和内容中去寻找，而应该从结构和功能中去寻找。和康德一样，卡西尔不仅仅站在依赖于各种科学所提供的构成知识的事实材料的立场上，而且力图建立知识和文化的形式和结构。他说："康德的基本信念和预设是由这一点构成的，即有一种普遍的和本质的知识形式，哲学被要求并有资格发现这种形式并坚定地将其构建起来。理性批判通过对知识功能的反思而不是对知识内容的反思来实现这一点。"[1]哲学思维并不满足于仅仅从这些产物的存在中去认识它们，即并不满足于被动地接受它们。它必须在这种存在以它们丰富多彩的形式表现在具体学说中时去着手把握这种存在。而这种做法正是哲学理解活动的开始，这种理解并不满足于最终产物，而是希望理解这种产物得以生产出来的具体方式。[2]

---

[1] Ernst Cassirer, *The Problem of Knowledge*, trans. William H. Woglom and Charles W. Hendel, New Haven: Yale University Press, 1950, p.14 - 15。
[2] ［德］卡西尔：《符号·神话·文化》，李小兵译，东方出版社1988年版，第9页。

卡西尔和康德的不同之处在于,他认为经验的杂多据以获取自己的结构的那些先验原则不是静止的,而是不断发展的,且它们的应用范围也比康德所设想的要宽广得多。从这些考虑出发,卡西尔为自己确定的主要目标是把康德对理性的静止的批判转变为对人类文化亦即对组织人类精神一切方面的那些原则的能动批判,他所独创的所谓"符号表象"学说和"文化哲学"都是以此为指导思想的。①

查尔斯·亨德尔(Charles W. Hendel)在为卡西尔《符号形式的哲学》所做的导言中指出,康德的图式发展到卡西尔的符号形式,是"从直观形式和逻辑形式的结合发展到想象性地把感觉直观和智性形式结合起来的'图式',进而发展到比康德的'抽象图式'更'具体'的这两个时刻的统一,这些真正具体的形式在自然界,即在生物学科学研究的有机世界的'自然形式',以及在揭示生活现实的艺术形式中都得到例证"。② 卡西尔坚持从人所创造的各种文化出发,探讨和研究这些文化中的符号形式,他认为,"人不再生活在一个单纯的物理宇宙之中,而是生活在一个符号宇宙之中。语言、神话、艺术和宗教则是这个符号宇宙的各部分,它们是织成符号之网的不同丝线,是人类经验的交织之网。"③通过符号形式,我们才能探

---

① [德]卡西尔:《启蒙哲学》,顾伟铭译,山东人民出版社1988年版,译者前言,第2页。
② Ernst Cassirer, *The Philosophy of Symbolic Forms*, (Vol. 1), *Language*, Yale University Press, 1955, Introduction by Charles W. Hendel, p.56.
③ [德]卡西尔:《人论》,第41页。

究人的本质,找到整理经验世界的规则和普遍性的方法,从而对人类文化进行破译,并"为世界创造一种客观的、有意义的环境和一种可以被理解为世界的客观统一性"①。否则"我们就仍然会在一大堆似乎缺少一切概念的统一性的、互不相干的材料中迷失方向"。② 无疑,卡西尔保持着知识统一体的信念,用以"辨别最终的实在(reality),即'存在'本身的实在(reality)"。③

那么,卡西尔如何阐释文化的结构特征并找到其结构范式,即如何将文化的形式提取出来加以认识?卡西尔认为,"人性"是"形式"得以产生、发展和繁荣的绝对普遍(因而也是唯一)的媒介。他将人定义为符号的动物,因为与动物相比,后者只具有刺激和反应的双向活动,而人在刺激和反应之间,有第三个环节,即符号系统。"与其他动物相比,人不仅生活在更为宽广的实在之中,而且可以说,他还生活在新的实在之维中。在有机体的反应(reaction)与人的应对(response)之间有着不容抹杀的区别。在前一种情况下,对于外界刺激的回答是直接而迅速地做出的;而在后一种情况下,这种回答则是延缓了的——它被思想的缓慢复杂过程所打断和延缓。"④即

---

① Ernst Cassirer, *The Problem of Knowledge*, trans. William H. Woglom and Charles W. Hendel, New Haven: Yale University Press, 1950, p.82.
② [德]卡西尔:《人论》,第37页。
③ Ernst Cassirer, *The Philosophy of Symbolic Forms*, (Vol.3), *The Phenomenology of Knowledge*, Translated by Ralph Manheim, New Haven: Yale University Press, 1957, p.1.
④ [德]卡西尔:《人论》,第40—41页。

我们对外界的认识不是直接的,而是间接的,"在某种意义上说,人是在不断地与自身打交道而不是在应付事物本身。他是如此地使自己被包围在语言的形式、艺术的想象、神话的符号和宗教的仪式之中,以致除非凭借这些人为媒介物的中介,他就不可能看见或认识任何东西。"[①]人在面对经验对象时,总是将其提炼加工并加以解释,使外物成为自我的思想和形式化的存在,因为人在未将对象形式化和结构化之前,对象是无法被认识和把握的。"无结构不仅无法去想象,甚至也不能被客观地观察到,抑或不能成为一直觉的对象。"[②]人类借用符号来认识事物,而符号就是形式化和结构化的结果。人对符号的利用不仅开启了通向文化之路的途径,并且塑造了自己。卡西尔举海伦·凯勒和劳拉·布里奇曼的成长来说明人类从实践性的、动物性的信号到人类语词符号发展的戏剧化的过程,借以强调符号在人类塑造自我中的重要作用。海伦·凯勒和布里奇曼都是盲聋哑儿童,她们在没有接触到"凡物都有一个名称"这一基本规则之前,她们的生活还停留在动物性的阶段,因为之前她们只与事实打交道,而现在她们与符号打交道。为"每一件事物赋予名称"无疑是将一种全新的思想工具交付她们,从此她们可以用符号来思维,而非用物质本身来思维,从而使她们的智力得到了极大的发展。因为"人在其符号的世界中——在语言、艺术、科学中——他开启了一条新的路

---

① [德]卡西尔:《人论》,第41页。
② [德]卡西尔:《人文科学的逻辑》,沉晖等译,中国人民大学出版社1991年版,第53页。

程,这条路程,是一条逐渐地和持续地把他引向对客观世界有一种崭新的理解和理论升华或反思生活的路程"。[①] 同时,人类思维借用符号之间的联系才能建立和把握与世界的联系,从而发展出"关系"的概念,而"关系"是构成诸结构和形式不可缺少的重要环节。正如皮亚杰所指出,"事物的真正本质不在于事物本身,而在于我们在各种事物之间构造,然后又在它们之间感觉到的那种关系。"[②]而"关系"概念与卡西尔的另一重要概念——"系统性"密切相关。卡西尔认为,"关系的思想依赖于符号的思想。没有一套相当复杂的符号的体系,关系的思想就根本不可能出现,更不必谈其充分的发展"[③]。因此卡西尔强调,人类文化不是从它构成的质料中,而是从它的形式,它的建筑结构中获得它的特有品性及其理智和道德价值的。[④] 也即是说,人类文化的获得与知识的获得一样,并非对象世界的给予,而是来源于人的内在形式和结构的建造。

二、符号形式的特征

阿里斯特·内尔认为,卡西尔在使用"符号形式"这一术语时,并未给出这一概念的完整定义。他在谈到符号形式时,

---

① [德]卡西尔:《符号·神话·文化》,李小兵译,东方出版社1988年版,第118页。
② [英]特伦斯·霍克斯:《结构主义和符号学》,瞿铁鹏译,上海译文出版社1987年版,第7页。
③ [德]卡西尔:《人论》,第60页。
④ [德]卡西尔:《人论》,第57页。

一般指的是神话、语言、科学和艺术等更大的文化形式,但他从来没有提供一个可以用来识别和个性化符号形式的直接原则。① 而卡尔·汉堡(Carl Hamburg)认为,卡西尔至少在三个不同但相互关联的意义上使用"符号形式":(1)它指称"符号关系""符号概念""符号功能"或简单地说是"符号"(das symborshech)。(2)它指的是各种文化形式——神话、艺术、宗教、语言和科学,体现了符号概念的应用领域。(3)适用于空间、时间、原因、数量等。它作为最普遍的符号关系,构成了(2)所列的客观性领域。② 卡西尔没有为符号形式提供精确的个性化原则的原因之一,是他不想过多地限制和确定"符号形式"的适用范围:"符号形式哲学不能也不试图成为这个词传统意义上的哲学体系。它试图提供的仅是未来文化哲学的'前言'。……只有通过哲学和人文学科(geisteswissenshaften)之间的持续合作,人们才有希望解决这一任务。"③因此,我们与其追寻"符号形式"的静态的、确定性内涵,不如围绕其特征动态地感受和认识它,这可能更符合卡西尔提出符号形式的本意。

---

① Allister Neher, "*How Perspective Could be a Symbolic Form*," The Journal of Aesthetics and Art Criticism, vol. 63, no.4 (Fall 2005), p.363.

② Quoted from: Allister Neher, "*How Perspective Could be a Symbolic Form*," The Journal of Aesthetics and Art Criticism, vol. 63, no.4 (Fall 2005), p.364.

③ Quoted from: Allister Neher, "*How Perspective Could be a Symbolic Form*", The Journal of Aesthetics and Art Criticism, vol. 63, no.4 (Fall 2005), p.364.

卡西尔为什么规定人是符号的动物,而人类文化是符号形式呢?原因很简单,盖因为符号具有一种特征,即"符号性"。符号本身是半抽象的,它既具有实在性,还具有非实在性;既有可能性,又有现实性;既有抽象性,又有意义性。我们主要从符号的"功能性"、"间接性"和"生命维度"等几个方面对此进行阐释。

(一)符号形式的功能性

卡西尔十分注重符号形式的功能性,认为符号是生成、活动、建构的,而非静止不动和给定的。叶秀山认为,卡西尔接受和发展了康德的知识论,打破了康德所强调的理性的"构造性"和"调节性"的功能上的区别。"理性对整个世界只有一种功能,即'构造性'的功能,即使是神话、魔术所构造的世界,也都是'真实的',而不是'虚构的',因而都是人类知识、经验的一个部分,虽然它是和实证的科学知识有区别的。"[1]无论在《符号形式的哲学》,还是在《人论》、《符号·神话·文化》以及《人文科学的逻辑》中,功能性一直是卡西尔符号形式的极为重要的性质。他说:"人的突出特征,人与众不同的标志,既不是他的形而上学本性也不是他的物理本性,而是人的劳作(work)。正是这种劳作,正是这种人类活动的体系,规定和划定了'人性的圆周'。"[2]《符号形式的哲学》是从这样的前提出

---

[1] 叶秀山:《思·史·诗——现象学和存在哲学研究》,人民出版社1988年版,第8页。
[2] [德]卡西尔:《人论》,第107页。

发的:如果有什么关于人的本性或'本质'的定义的话,那么这种定义只能被理解为一种功能性的定义,而不能是一种实体性的定义。"①符号形式不是"我们可以塞进给定世界的简单结构,我们必须把它们理解为赋予现实一种特定形式并在每种形式中实现特定区别的功能"。②"除了纯粹的认知功能之外,我们还必须设法理解语言思维的功能、神话和宗教思维的功能以及艺术知觉的功能,从而揭示它们是如何达到完全确定的形态的。"③因此卡西尔研究者 W.C.斯瓦贝(William Curtis Swabey)指出:"卡西尔强调大脑的'主动的'、'综合的'和'关系的'功能,而不是感觉—知觉的被动接受能力。精神行使它的智性功能,其中包括它的先验特性。"④这种动态特征可以追溯到亚里士多德的形式理论。在亚里士多德看来,形式是一种不断的实现活动。著名古希腊研究家谷思芮(W. K. C. Guthrie)认为,亚里士多德的形式最为重要之处在于它与功能的同一:形式不是一种状态(Hexis),而是一种不断的实现

---

① [德]卡西尔:《人论》,第 106—107 页。
② Ernst Cassirer, *The Philosophy of Symbolic Forms*, (Vol.1), *Language*, Yale University Press, 1955, p.91.
③ Ernst Cassirer, *The Philosophy of Symbolic Forms*, (Vol.1), *Language*, Yale University Press, 1955, p.79 - 80.
④ William Curtis Swabey, *Cassirer and Metaphysics*, see *The Philosophy of Ernst Cassirer*, edited by P.A. Schilpp. Menasha, Wisconsin: George Banta Publishing Company, 1949, p.136.

活动(energeia)。[1]谷思芮指出,形式(狭义而言)和功能仅是同一整体的两个方面。而在更宽泛的意义上说,形式一词更为明显的是必须理解为一种静态和功能的综合形式,它是同一盾牌的反面;换句话说,从形态学的角度去理解,形式应被理解为静态和动态的熔合元素。[2] 在《形而上学》中,亚里士多德认为,"实体和形式是现实"、"现实在实体上显然先于潜能",即形式就是目的,是现实,是活动,是能动的。亚里士多德指出潜能是不可能永恒的,因为它没有固定性质。"永恒的东西在实体上先于可消灭的东西,任何的潜能都不能永恒。"[3]除此之外,亚里士多德的形式强调了"能"这一特征,从存在走向非存在,从非存在走向存在,都是"能"的作用。这种"能",是能力、能量,也是潜能和动能,它体现出万物不是固定不变的,是辩证的,变动的,是生成和转换的。这就过渡到亚里士多德的

---

[1] W.K.C.Guthrie: *A History of Greek Philosophy* (Vol. Ⅵ),Cambridge University Press,1981,p.232.

学者孙周兴在他的《超越·先验·超验——海德格尔与形而上学问题》(2003年3月17日在香港中文大学哲学系作的报告)一文中对energeia一词进行了探讨。他认为,希腊文 energeia 在字面上直接地意味着"在作品中",这种"在作品中作为作品本质而出场"的 energeia,海德格尔把它译解为"实现"。"这个 energeia〔实现〕乃是 tode ti〔个体,这个〕即当下这个和当下那个东西的 ousia(即在场状态)"。亚里士多德进一步还用他自造的 entelecheia〔隐德莱希〕一词来说明这个 energeia〔实现〕。

[2] W.K.C.Guthrie: *A History of Greek Philosophy* (Vol. Ⅵ),Cambridge University Press,1981,p.232.

[3] [古希腊]亚里士多德:《形而上学》,苗力田译,中国人民大学出版社1993年版,第215页。

"生成论"。那么生成是什么？亚里士多德曾指出,形式是所有其他事物的原因,"正是在寻求这些事物的原因时,他们才找到形式的"。①

亚里士多德形式的生成和"能"的意义,为后世发展提供了很多借鉴。卡西尔就用符号形式来表达对世界的认知和感知。他强调,从符号形式角度,"'存在'只能在'行动'中被理解"。② 符号形式具有动态和实现的特征,这是主体参与建构的结果。卡西尔指出,"它(符号)不能用纯属实体性的方式去描述。它必须用功能性的方式去理解和界定——即以关系、活动、运用的方式去理解和界定。……它(符号)不能被看做一个单一的、自足的、独立的存在。它是心灵所有建构过程的条件,……但是,我们切不可把这种力量实体化,我们切不要以一种孤立的物理存在或形而上学存在之方式去看待它。"③ 形式的生成是主体和客体的相互作用,形式"建构了"我们整个世界的经验。

功能性又与"可能性"密不可分。卡西尔反驳经验论者和实证论者所主张的"人类知识的最高任务就是给我们以事实而且只是事实而已",卡西尔认为,"事实并不是在偶然的观察或仅仅在感性材料的收集下给予的。科学的事实总是含有一

---

① [古希腊]亚里士多德:《亚里士多德全集·形而上学》,苗力田译,中国人民大学出版社1993年版,第51页。
② Ernst Cassirer, *The Philosophy of Symbolic Forms*, (Vol. 1), *Language*, New Haven: Yale University Press, 1955, p.80.
③ 卡西尔:《符号·神话·文化》,李小兵译,东方出版社1988年版,第23页。

个理论的成分,亦即符号的成分。"①这里,符号或理论的成分可以理解为建构性成分,也即可能性成分。卡西尔指出:"我们必须用功能性的类型思想取代黑格尔体系中统摄和弥漫着的实体性的理性思想。黑格尔把理性看作一种恒常存在的实体,看作一种当下呈现的永恒物。但理性绝非一种纯然的当下存在,它并不是一种现实的东西,而是一种恒常不断的现实着;它不是一种给予之物,而是一项任务。而且,理性远非仅为理论之理性,而且还开启着实践理性的疆域。"②

符号性的存在是似是而非和不确定性的,但它却是理论的生发之处。为此他举伽利略的运动理论和数学学科的符号性质来支撑自己的观点。他说:"如果没有这些完全不真实的概念的帮助,伽利略就不可能提出他的运动理论,也不可能发展出'一门处理一个非常古老的问题的新科学'来。而这一点也同样适用于几乎所有伟大的科学理论。这些理论乍一看来总是似是而非的,只有具有非凡的理智胆略的人才敢于提出来并捍卫之。"③

(二)符号形式的间接性

卡西尔认为,人类从自然中分离或解放出来的过程,依赖

---

① 卡西尔:《人论》,第91页。
② [德]卡西尔:《符号·神话·文化》,李小兵译,东方出版社1988年版,第14—15页。
③ 见 Carl Hamburg, *Cassirer's Conception of Philosophy*, p. 77. Quoted from : Allister Neher, *How Perspective Could be a Symbolic Form*, The Journal of Aesthetics and Art Criticism 63:4 Fall 2005, p.272.

于人类与自然之间的一条中介线。有着这条中介线,人类既与自然两分,同时又被其更紧密地维系在一起,共同包含于大"自然"概念之中。这样一个中介,就是神话、语言、艺术、知识等一系列符号形式。这些符号形式是人类在漫长的岁月中创造出来的,它们是人类功能性特征的物化形态,也是人类发展的"工具"。在论述符号形式的过程中,卡西尔使用了"间接性"这样一个关键性概念。卡西尔认为,人与动物之所以不同,在于人既是一个现实性的存在,也是一个可能性存在。而动物由于只拘囿于其感官知觉的世界并仅对现实物理刺激做出反应,因此动物只具有现实性而不具可能性,其反应的模式是"刺激—反应"式的;而人类行为具有一种"间接性"特征。这一理论曾在皮亚杰的认识论中给予探讨。皮亚杰认为刺激和反应之间存在着双向的作用模式,即"刺激反应"(SR)。后皮亚杰为了突出主体在认知活动中的真正意义,又把认知活动分析成 S→AT→R 的连续过程,也就是说,一定的刺激(S)只有经过 AT(即图式)的整合方能对刺激有所反应(R)。图式是人和动物在对一物之所以做出不同反应的原因所在。卡西尔也认为,人类必须把一些尚未出现的东西置于一构想的"图式"中,以便从这一"可能性"过渡到"实在性",从潜在状态过渡到现实中去。[①]无论植物还是动物,都能对周围的刺激做出反应,这是它们生存的重要条件。对于动物来说,反应在时

---

① Ernst Cassirer, *The Philosophy of Symbolic Forms*, (Vol.1), *Language*, Yale University Press, 1955, Introduction by Charles W. Hendel, p.12-16.

间上是紧随刺激的,而且以相同的形式重复出现。这样一种由某种刺激导致一系列固定反应的连锁行为,我们称之为本能。由于本能连锁行为中的各特定组成,都是依照某种动物本性中先天决定的方式加以交织,所以作为各反应环节的整体显现也表现为一种恒常不变的行为动作。动物不可能对其随意改变,换言之,刺激—反应是生物性被动行为,由其串连而成的动物本能依然是被动行为。它决定了动物对待自然界的被动性。进一步说,这种被动性来自动物生存需要的直接性。动物只顾及眼前,不可能对非眼前的事物进行预料。它的刺激—反应也只能对眼前的具体情况做出应对,对未来,则只能在未来成为"眼前"或现实时才能做出反应。它的反应实际上是外界变化的最后一环,完全依照着一个固定的程式,所以是被动的。人类则完全不同了,即使是原始人,他的行为也绝非一种单纯的被动性行为,而主动行为与被动行为的分界线,恰恰就在于行为的"间接性"。人类对工具的使用,正是这种间接的物化。所谓间接性,就是超越直接需要之外的目的而采取的行为,这就是说,此时,人类不再被一些实在的刺激直接推动,而是在思量着一些"可能的需要以及达到这些可能需要的目的的方法"。换言之,此时人类行为的动力并非来自眼前的急需,而来自对未来的"预想",以及对获得未来的"预想"方式的"预想",这正是人类区别于动物的特征。而制造各种工具(有形的实际的工具和无形的观念性工具)恰是这种"预想"能力的佐证和物化。如在对神话的研究中,卡西尔认为,神话是基于仪式的行为,而不是我们称之为"神话"的叙事,因为仪式和工具的使用都是一种行为。卡西尔解释说,在神话的背景下,"不仅仅是沉思,还有行动,构成了人类对现实进行精神组构的中心。正是在这里,客观世界和主观世界之间,我的世界和事物的世界之间开始发生分离。"[1]

就卡西尔的"符号形式的哲学"而言,他议论更多的,不是作为物质生产资料的工具,而是观念上的工具,诸如语言、神话、宗教、艺术、科学等,因为所有的理论概念都有一种"工具"的性质,归根到底它们都不外是我们为了解决某些特定问题而创造出来或正在不断创造出的工具。人类的思维和判断越是发展和拓宽,就越是需要丰富、复杂的概念性结构体系。反之,人类越是掌握了日渐丰富复杂的概念性工具,他的思维就越发展得广泛与深刻。由语言、神话、宗教、艺术和科学等观念性工具所体现的,恰恰就是人作为严格区别于动物的一种动物性存在的特有功能:符号功能。因此,人文科学与其说是研究人类发生与发展的学说,莫如说是研究人类文化发展的学说。更准确地说,莫如说是研究人类符号功能的学说,研究人类各种符号形式发生、发展和演变的学说。这样一来,人文科学的对象就不再针对一个固定不变的物质性实体,而被看作一个运动的功能性历程。不单纯指涉外在经验世界,而且适用于内在经验世界。

由上可见,卡西尔在批判性地继承了康德哲学的基础上,对其进行了创造性的改造。由于理性对世界的构造性功能,从而使得神话、艺术、宗教所建构的世界都并非"虚构"的世

---

[1] Ernst Cassirer, *The Philosophy of Symbolic Forms*, (Vol.2), *Mythical Thought*, Yale University Press, 1955, p.157.

界,它们与科学的世界一样,都是实在的世界,是人类文化所构造的世界。在卡西尔看来,符号本身既不是本体,也不是绝对,而是"现象"。符号是存在的,但它并非本体的存在,而是现象的存在,它是历史的、经验的现象,而非超时空的绝对理念。它具有功能性、可能性、间接性和包孕性的特征,是人类对客观世界的把握方式和主体的一种能力。如此,"卡西尔就把康德哲学中的只有在科学知识范围内才具有的'真实性'扩大到整个人类文化领域,从而取消了对'本体'问题所'构想'出来的纯'理想'式、纯思想式的精神世界。在卡西尔哲学中,没有纯'思想'、'理想'的世界。'理想'(ideal)总要和'现实'(real)相结合而成为人类文明的'现象'(phenomena)。"[①]从这种意义上,卡西尔依次对神话和宗教、语言、艺术、历史和科学进行了探讨,发掘它们的内在规定性和符号形式特征。他表述道:

> 神话、艺术、语言和科学都是作为符号而存在的,这并不是说,它们都只是一些凭借暗示或寓意手法来指称某种给定实在的修辞格,而是说,它们每一个都是能创造并设定一个它自己的世界之力量。在这些它自己创造并设定的世界中,精神按照内在规定的辩证法则展现自身;并且,唯有通过这种内在规定的辩证法则,才能有任何实在,才能有任何确定的、组织起来的"存在"。因此,这些

---

① 叶秀山:《思·史·诗——现象学和存在哲学研究》,人民出版社1988年版,第8页。

特定的符号形式并不是些模仿之物,而是实在的器官;因为,唯有通过它们的媒介作用,实在的事物才得以转变为心灵知性的对象,其本身才能变得可以为我们所见。……对于心智来说,只有具备确定形式的东西才是可见的;而每一种存在形式又都以某种独特的"看"的方式,都以某种独特的表述意义和直观意义的智识方式为其源头活水。一当我们把语言、神话、艺术和科学看作这样一些观念作用的形式,哲学的基本问题就不再是这些形式与某种绝对实在(据说,这种实在构成上述形式的坚实的物质基础)的关系问题了。现在,中心的问题乃是观念作用的诸形式之间怎样相互限定和相互补充的问题。因为,尽管这些形式在建构精神实在的过程中共同地发挥着作用,但每一个器官都各有其独特的功能。①

哈贝马斯赞同卡西尔的论点,并在《符号的解放力量》(*The Liberating Power of Symbols*)一文中指出,卡西尔的符号形式的间接性特征与瓦尔堡(Aby Warburg)的"异教世界"(pagan world)这一术语所表达的功能有相似之处。"异教世界"一词是瓦尔堡对那种令人兴奋的矛盾情绪的概括,这种情绪是一种原始冲动,表现为迷恋和解放,混乱的焦虑和狂欢的放纵的混合。但它们的图像和符号在欧洲基督教的世界被同化并保持着一种平衡的状态。在《记忆女神图集》(*Mnemosyne*)中,瓦尔堡对异教徒的激情之源进行挖掘,他认为,艺

---

① [德]卡西尔:《语言与神话》,于晓等译,三联书店1988年版,第36页。

术创造的力量经过净化从而得到升华显然具有存在的意义，因为有意识地在自己和外部世界之间创造距离，这可以称为文明的基本行为。这种距离意识可以实现持久的社会功能。这个观点与卡西尔的《符号形式的哲学》的基本见解有着惊人的相似之处。卡西尔借用符号所表达的是，"通过使用符号，与世界的感官接触被重新加工成有意义的东西，这一事实是人类存在的决定性特征，从规范的观点来看，这也构成了人类适当的存在方式的基本特征。换言之说，符号中介的物化力量打破了从内到外影响有机体的自然直接性；因此，它创造了一种与世界的距离，使能够说'不'的主体对世界做出深思熟虑、反思控制的反应成为可能。"[1]这种思考和反思的能力，以及说"不"的能力，构成了哈贝马斯所说的"符号的解放力量"。而卡西尔在《人论》中也提到："从整体上看，人类文化可以被描述为人类自我解放的渐进过程"，语言、艺术、宗教、科学，都是这个过程中的不同阶段。在所有这些形式中发现并证明了一种新的力量，即建立一个理想的世界的力量。而在阐释的过程中，卡西尔秉承了一种与众不同的基本原则，即从意义和符号形式出发而非从逻辑和概念出发。他希望保留对神话、宗教、艺术、历史等的自主性，避免人们产生这样的错觉，即所有这些拥有世界的方式都必须被强迫进入一个单一的理性的概念体系中。这一原则贯彻在他写作的始终。

---

[1] Jügen Habermas, *The Liberating Power of Symbols*, *Philosophical Essays*, translated by Peter Dews, The MIT Press, Cambridge, Massachusetts, 2001, p.7.

(三) 符号形式的生命性

在《人论》关于符号形式的探讨中,我们可以看到卡西尔对"生命"现象非常重视。但是也许是限于篇幅,卡西尔没有具体地展开这一论述。但是我们可以在他谈论柏格森、狄尔泰的生命哲学思想,海伦·凯勒运用符号形式的生命能力,歌德的形态学和"本原现象"概念时感受出他对这一理论的热情和兴奋。事实上,在1923年出版的《符号形式的哲学》第一卷中,卡西尔就说过:"'生命哲学'是形而上学的当代形式。"[1] 我们也可以在他的其他著作中经常看到有关"生命"的主题。他在《语言与艺术》的演讲中讲到,"文化生活总是与有机生命的生活条件息息相关"。[2] 在第三卷的导言中,卡西尔已经指出了写作"生命哲学"部分的初衷,即"定义和证明《符号形式的哲学》对作为整体的当代哲学的基本态度"。[3] 而卡西尔所论述的生命哲学(lebensphilosophie)所意指的不仅是这个术语在哲学史上通常所指的柏格森、狄尔泰、齐美尔的哲学和他们的追随者的哲学,他进一步将这个术语和从叔本华、克尔凯郭尔和

---

[1] Ernst Cassirer, *The Philosophy of Symbolic Forms*, (Vol.1), *Language*, Yale University Press, 1955, p.111-114.

[2] [德]卡西尔:《符号·神话·文化》,李小兵译,东方出版社1988年版,第114页。

[3] Ernst Cassirer, *The Philosophy of Symbolic Forms*, (Vol.3), *The Phenomenology of Knowledge*, Translated by Ralph Manheim, Yale University Press, 1957, p.xvi.

尼采到海德格尔的后唯心主义(post-idealistic)思想联系起来。①在卡西尔的词汇中,"生命哲学"并不仅仅指一种思想学派,而还指哲学思想的广泛的根本性转变,可以描述为试图在更全面的意义上陈述先验问题本身。

1. 作为与"精神"产生整体性关联的生命

在论述"生命"概念时,卡西尔将其与"精神"这一概念相关联和比较,这源于哲学形而上学的时代要求。卡西尔指出,在19世纪末20世纪初,"生命"和"精神"的对立是形而上学的核心问题,它被证明是具有决定性的,以至于它逐渐地吸收和消除了在形而上学历史上创造的所有的其他术语。"存在"和"生成"、"一"与"多"、"物质"和"形式"、"灵魂"和"身体"之间的关系,现在似乎都融入了这一完全基本的对立中。各种各样的、极其不同的思想活动,好像都受到秘密的地下力量引导似的,一次又一次地指向这个特殊的形而上学中心。②这一时期,尼采和柏格森、狄尔泰和齐美尔,都参与了这场改变基本形而上学对立的运动。正是在这一背景下,卡西尔对生命和精神的关联性进行了积极的探索。为了在《符号形式的哲

---

① Ernst Cassirer, *The Philosophy of Symbolic Forms*, (Vol.4), *The Metaphysics of Symbolic Forms*, Edited by John Michael Krois and Donald Phillip Verene, Translated by John Michael Krois, Yale University Press, New Haven and London, 1996. Introduction, p.x‑xi.

② Ernst Cassirer, *The Philosophy of Symbolic Forms*, (Vol.4), *The Metaphysics of Symbolic Forms*, Edited by John Michael Krois and Donald Phillip Verene, Translated by John Michael Krois, Yale University Press, New Haven and London, 1996. p.8.

学》的第三卷中加入这一主题的内容作为最后一章,他推迟了第三卷的出版时间。但是由于这部分篇幅过长,[①]最终没有放入第三卷。卡西尔在其前言中指出,他最终决定以"生命与精神——对当代哲学的批判"("'*Leben*' *und* '*Geist*' *zur Kritik der Philosophie der Gegenwart*")为标题先单独发表这篇文章。[②]他的计划是接下来将其放入《符号形式的哲学》第四卷中。不幸的是,1945年卡西尔意外离世,《符号形式的哲学》第四卷1996年才由耶鲁大学出版社出版,这一主题也成为该书第一章的内容。

克雷格·勒鲁(Craig Leroux)认为,在卡西尔的符号形式的形而上学中,"生命、精神以及它们之间持续存在的关系已

---

① 克罗伊斯(John Michael Krois)和韦林(Donald Phillip Verene)在卡西尔《符号形式的哲学》第四卷的导言中谈到,在1929年出版的《符号形式的哲学》第三卷中,本来卡西尔有284页是讨论生命和精神问题的(这一部分在1928年4月16日完成)。但是由于第三卷已经有571页的内容,再加上近300页的内容难免会变得过长,而且卡西尔认为,在第三卷《知识现象学》的主题外再加上有关的讨论会使得第三卷变得沉重,因此,他就将这部分拿了下来放到手稿中,打算将其放到第四卷发表。

② Ernst Cassirer,*The Philosophy of Symbolic Forms*,(Vol.3),*The Phenomenology of Knowledge*,Translated by Ralph Manheim. Yale University Press,1957,p.vi,p.ix. 在1949年,这篇文章的英译"当代哲学中的'精神'与'生命'"("'*Spirit*' *and* '*Life*' *in Contemporary Philosophy*")刊发在席尔普(P. A.Schilpp)主编的《在世哲学家图书馆》("*The Library of Living Philosophers*")第六卷的《卡西尔哲学》(*The Philosophy of Ernst Cassirer*)中,p. 855 - 881.

经成为一个中心问题。"[1]在对生命和精神的研究中,卡西尔吸收了黑格尔精神现象学思想。事实上,尽管卡西尔的"符号形式"主要来源于康德的"图式",是将康德的理性批判转向为文化批判的结果,但卡西尔受到深刻影响的另一位德国哲学家则是黑格尔。他1929年写作《符号形式的哲学》第三卷的宗旨之一就是通过构建一种知识现象学,从而将前一、二卷的内容连接起来,在这种现象学中,科学思想被证明是伦理学和认知理论的前几个阶段的产物。他说:"哲学反思并不把(意识的)终点和起点对立起来,而是把这三者都作为一个整体运动中不可分割的因素。在这一基本原则中,符号形式哲学与黑格尔的表述是一致的,尽管它的基础和发展必然有所不同。"[2]因此,卡西尔在对生命的研究中自觉地运用了一种源自黑格尔的历史辩证法,并与当代威廉·狄尔泰、亨利·柏格森、马克斯·舍勒和乔治·齐美尔的生命哲学达成一致。

在1923年亨德尔为第一卷所作的导言中,曾探讨卡西尔的"生命"(life)观与黑格尔的"精神"(spirit)以及舍勒"宇宙中的人"(man in the cosmos)之间的关系。亨德尔说:"卡西尔在他对舍勒'宇宙中的人'这一主题的批判中赞赏地提到了黑格尔。黑格尔把精神和生命的关系视为自然领域中主客体关

---

[1] Craig Leroux, *Life and the Symbolic in the Philosophy of Ernst Cassirer*, Thesis of Degree of Master of Arts (Philosophy) at Concordia University, 2011, p.54.

[2] Ernst Cassirer, *The Philosophy of Symbolic Forms*, (Vol.3), *The Phenomenology of Knowledge*, Translated by Ralph Manheim, Yale University Press, 1957, Preface. p.xv.

系的辩证推进。然而,在舍勒的哲学中,生命和精神似乎处于一种无法解决的对立之中。但是,卡西尔说,它们不能'属于完全分离的世界',因为如果如此的话'它们完成一件完全同质的工作是如何可能的? 在构建一个特定的人类世界,即"有意义的世界"的过程中它们的合作并相互渗透是如何可能的? ……难道这一渗透只不过是一个"开心的意外"吗?'这一问题是以设问的形式提出的:卡西尔本人坚持精神和生命的合作和相互渗透。"① 事实确实如此,卡西尔认为黑格尔的《精神现象学》是继笛卡尔以来,唯心主义哲学在人类精神史中的具体而系统的最新尝试。在第三卷导言中,卡西尔对这个问题进行了一些简短的介绍并明确指出:"在谈到知识的现象学时,我使用的'现象学'这个词不是现代意义上的,而是黑格尔所建立并系统地奠定的基础意义上的。对黑格尔来说,现象学成为哲学知识的基础,因为他坚持哲学知识必须包含文化形式的整体,而且在他看来,这种整体只有在从一种形式到另一种形式的转换中才能显现出来。真理就是整体——然而,整体不可能一下子全部呈现出来,而必须由思想以其自身的自主运动和节奏逐步展开。"② 卡西尔认为,起源于德国生命哲学(Lebensphilosophie)学派的精神(Geist)和生命(Leben)

---

① Ernst Cassirer, *The Philosophy of Symbolic Forms*, (Vol.1), *Language*, Yale University Press,1955, Introduction by Charles W. Hendel, p.61.

② Ernst Cassirer, *The Philosophy of Symbolic Forms*, (Vol.3), *The Phenomenology of Knowledge*, Translated by Ralph Manheim. Yale University Press,1957,Preface. p.xiv.

的二元论在当代哲学人类学中没有得到解决。事实上,如果将精神和生命视为不同的秩序,而非相互对立的实质性本质,那么这明显的二元论就可以得到解决。精神可以被认为是生命的转变,并通过生命的回归而发生。此外,卡西尔赞同齐美尔对生命的超越性的看法,认为与精神相比,生命并非有限不可超出自身的,生命以其超越自身而获得更大的自由。正因为如此,卡西尔将齐美尔赞为"当代对这个问题研究的最好的人"。

事实上,生命和精神的关系还体现在卡西尔神话理论的阐释中,这体现了卡西尔有别于康德和新康德主义哲学的浪漫主义倾向。神话被卡西尔视为一种"生命形式",其中身体活动成为文化意义的媒介。卡西尔符号形式哲学的特点是关注"更高"和更复杂的文化形式背后更"原始"的世界呈现形式——关注主要用自然语言表达的对世界的普通感性认识,最重要的是,关注处于最原始水平的神话世界观。它们位于精神生活的更深、更自主的层次,然后通过辩证的发展过程产生更复杂的形式。

2. 作为一种不间断运动的生命

对卡西尔来说,生命现象不是固定的东西,它是一个动态的过程:"生命、实在、存在、实存不过是指同一基本事实的不同术语。这些术语并不描述那种固定、僵死、实质性的事物,它们应被理解为过程的名称。"[①]在《符号形式的哲学》的第四卷中,卡西尔赞赏地引用了齐美尔对生命的定义:"生命是一

---

① [德]卡西尔:"语言与艺术(Ⅱ)",《符号·神话·文化》,李小兵译,东方出版社1988年版,第142页。

种不间断的流动,是有一种被包围在载体和内容里的东西,它围绕着中点形成,是个性化的,因此总是一种不断地跨越它的边界的有界的形式。这就是它的本质。"①作为生命,人类以过程为特征,但他们也是一种不仅参与生命过程,而且通过符号形式意识到自己生命的存在。正如卡西尔所说,"神话、宗教、艺术、科学不过是人在其对生命的意识和反省解释中所迈出的不同步伐。它们中的每一个,都是具有其自身折射角的人类经验之镜子。"②我们可以通过回溯亚里士多德对生命的关注探究卡西尔生命概念的来源及其内在规定性。

亚里士多德的生命能动学说可以体现在他的"形式论"中。其中所表现的功能性、流动变化性和生物有机体的过程性和时间性恰好表明亚里士多德对生命和过程的独特观念。亚里士多德在《形而上学》开篇就推崇感官和感觉世界的价值,尤其是视觉的价值。亚里士多德试图从生命这一方面来解释理念和知识的世界。根据亚里士多德的看法,在这两个领域中,我们可以发现同样不间断的连续性。亚里士多德的形式包含着目的论因素,在阐释实体(本体)这一概念时,亚里士多德就对其做了规定。实体是原因,即"是其所是"。而"是其所是"的意思就是强调形式先于质料的先在性,或未完

---

① Ernst Cassirer, *The Philosophy of Symbolic Forms*, (Vol.4), *The Metaphysics of Symbolic Forms*, Edited by John Michael Krois and Donald Phillip Verene, Translated by John Michael Krois, Yale University Press, New Haven and London, 1996, p.9.
② [德]卡西尔:"语言与艺术(Ⅱ)",《符号·神话·文化》,李小兵译,东方出版社1988年版,第142页。

成时态。^① 在《论灵魂》第二卷的开篇,亚里士多德就强调了"质料是潜能,形式是现实"^②的观点。他认为,现实先于潜能,因为潜能需要通过现实才能实现,或者说,只能通过现实,潜能才能将潜在的因素变化为现实的因素,所以现实是先在的因素,没有现实,潜能也无法实现。亚里士多德将知觉活动(个体性)和理智活动(普遍性)联系在一起,认为知觉和认识、理念和知识是具有连续性的行动,它们如同生命一样是一种不间断的运动。

亚里士多德形式的生成目的论为后世发展提供了很多借鉴。卡西尔指出,亚里士多德理论中的生命能动指向充分反映了亚里士多德的知识观与柏拉图的知识观的区别。亚里士多德并不认为科学和知识可以单凭知觉活动而达到,但是当他从生命的角度出发来探讨问题时,他将生命的一体性、能动性作为探讨人的问题的重要维度。当作为一个生物学家而非哲学家时,亚里士多德拒绝感觉和理智、实体与现象的截然划分。卡西尔借由对亚里士多德的评价,指出了人的本性与生命活动的意义。在研究人的过程中,有机的生命活动是无法

---

① 苗力田先生在《形而上学》的注释中指出,是其所是的翻译指的是形式或本质意义下的实体。这个词组具有人称和时态的变化,不用现在时态,而用表示过去了的未完成时态 en。研究亚里士多德的学者们多方查证了此类的用法,他们以不同的论证,认为这一未完成体所表示的是先于,甚至把它作为形式先于质料的佐证。见《亚里士多德全集·形而上学》,苗力田译,中国人民大学出版社1993年版,第33页,译者注释。

② [古希腊]亚里士多德:《论灵魂》,秦典华译,中国人民大学出版社1993年版,第30页。

回避的。一切人类知识都来源于人类本性的一种基本倾向——这种倾向在人的各种最基本的行为和反应中都表现出来。感性生活的全部内容是被这种倾向所决定并且充分体现着这种倾向的。

在《符号形式的哲学》第四卷中,卡西尔赞赏阿那克萨戈拉对生命和生成的看法,而这也受到了亚里士多德对阿那克萨戈拉评价的启发。亚里士多德接受了他的生命观和生成概念,并在《物理学》中加以阐发:"由于看到了任何东西都生成于任何东西,阿那克萨戈拉就认为任何部分都是一个与整体同样的混合体。因为似乎正是基于这个理由,他才宣称万物在某个时候曾经是在一起的。例如,由于这块肉和这片骨曾经在一起,所以,任何事物都曾经为一;……万物必然在某个时候曾经在一起,而后在某个时候才开始被运动。"[1]卡西尔将阿那克萨戈拉的生成论用于对符号形式生命性的阐释之中:"阿那克萨戈拉谈到自然物体时说,它们都是一种胚种(panspermia),也就是说,它们不是由独立的离散元素组成的;相反,每一个物理整体都包含所有元素的胚芽和种子。这种关于自然组织、物理结构的说法,在更激进、更深刻的意义上适用于文化产品。"[2]

---

[1] [古希腊]亚里士多德:《物理学》,徐开来译,中国人民大学出版社1991年版,第65—66页。203a.

[2] Ernst Cassirer, *The Philosophy of Symbolic Forms*, (Vol.4), *The Metaphysics of Symbolic Forms*, Edited by John Michael Krois and Donald Phillip Verene, Translated by John Michael Krois, Yale University Press, New Haven and London, 1996, p.6.

卡西尔的生命哲学关注生物学中的生命有机形式。受到汉堡的同事、生物学家雅各布·冯·乌斯居尔(J.von Uexkull)的《理论生物学》中有机形态功能性特征的启发,卡西尔强调生命的整体性和有机性。乌斯居尔的"Umwelten"(世界或环境)理论也为卡西尔关于动物和人类行为差异的概念提供了基础。在乌斯居尔看来,物理学试图用因果关系来解释世界上所有的联系是完全正确的,但如果这意味着从科学中排除所有其他方式的联系,那就大错特错了。因为因果决定论并不是我们用来解释世界的唯一规则。乌斯居尔始终坚持"内在目的"的思想,这一基本概念可以追溯到莱布尼茨的哲学。莱布尼茨的单子论意味着每个单子本身就是一个世界,它是一个自给自足的小宇宙(cosmos),以自己的方式反映了整个大宇宙(universe)。但所有这些个体世界都是通过先定和谐而彼此结合在一起的,因为它们是对同一宇宙秩序的表达。这些思想影响了17、18世纪的哲学方向,也影响了历史和生物学等知识领域。赫尔德在历史哲学中运用了这一观念,他反对启蒙运动的幼稚的进步观,即"将人视为创造的目的,尤其反对将那个世纪受过教育的人的观点作为所有人的观点的做法"。[①] 对赫尔德来说,人类发展的意义和价值只有在所有形式的总和中才能得到理解。每种类型都是必要的,每个人都有自己的重要价值。歌德将这一基本思想从历史领域转移到生

---

① Ernst Cassirer, *The Problem of Knowledge*, trans. William H. Woglom and Charles W. Hendel, New Haven: Yale University Press, 1950, p. 203.

命领域。他也不断强调,从生命的整体中挑选一个单一的种族,并把它设定为目标、尺度和准则是不可能的。因为单个人不可能成为所有人的模式。①歌德的形态学抛弃了"物种的不变性"和任何生命物种优于任何其他物种的观点。卡西尔说:"乌斯居尔的生物学在每一个特定方面都符合歌德的这一观点。"②

歌德强调生命的整体性,但并不固执于整体的永恒和静止,他首创了"形态学"(morphology)理论。这对后世产生了深远的影响。亨德尔(Charles W. Hendel)指出:"歌德对卡西尔的重要性怎么估计也不过分。"③而卡西尔则由衷赞叹说,"形态学"的术语"对于18世纪的生物学来说,意味着何等重要和关键的方法论转向。一种崭新的知识观念,正是和歌德的'形态学'思想及其'有机自然之生成与转变'的概念一起被创造了出来。现代植物学家汉森谈到过歌德的变形理论,他认为,歌德开创的植物学时期,比起此前的植物学时期,正如化学之于炼金术"。④而这种有机体不断发展变化的理念促成

---

① Ernst Cassirer, *The Problem of Knowledge*, trans. William H. Woglom and Charles W. Hendel, New Haven: Yale University Press, 1950, p.203-204.
② Ernst Cassirer, *The Problem of Knowledge*, trans. William H. Woglom and Charles W. Hendel, New Haven: Yale University Press, 1950, p.205.
③ Ernst Cassirer, *The Philosophy of Symbolic Forms*, (Vol.1), *Language*, Yale University Press, 1955, Introduction by Charles W. Hendel, p.30.
④ [德]卡西尔:《卢梭·康德·歌德》,刘东译,三联书店2015年版,第98页。

了歌德对"本原现象"的关注,从而也促成了卡西尔在探讨"符号性包孕"概念时秉持的知觉整体性和功能性的原则。

3. "符号性包孕":知觉整体性在符号形式中的"生命"体现

卡西尔在《符号形式的哲学》第三卷中探讨了"符号性包孕"(Symbolic pregnance)概念。这一概念的提出凸显了卡西尔符号形式对生命存在维度和知觉整体性的关注,也显现出其面向未来的审美超越原则。卡西尔指出:"所谓符号性包孕,我们指的是作为感性经验的某种知觉同时包含它所直接地、具体地表象的某种非直观意义的方式。"[①]这种"符号性包孕"本身是有序的,属于一个确定的意义秩序,是一种有意义的生命存在、一种"先验的真实",是"本质上的第一要素"[②]。卡西尔的重要研究者克罗伊斯(Krois)认为,由于"pragnanz"在英语中没有对等词,他建议将这个概念用英语翻译为"pregnance"。这个术语包括两个意思:冲压(stamping)和分娩的行为。[③]克罗伊斯认为,卡西尔的符号意义概念的来源包括以下几个方面,即"在阿比·瓦尔堡的汉堡研究图书馆发现

---

① Ernst Cassirer,*The Philosophy of Symbolic Forms*,(Vol.3)*The Phenomenology of Knowledge*,Translated by Ralph Manheim. New Haven:Yale University Press,1957,p.202.

② Ernst Cassirer,*The Philosophy of Symbolic Forms*,(Vol.3)*The Phenomenology of Knowledge*,Translated by Ralph Manheim. New Haven:Yale University Press,1957,p.203.

③ John Michael Krois,*Cassirer Symbolic Forms and History*,Yale University Press,New Haven and London,1987,p.53.

的人种学和人类学文献,失语症和相关病症的医学研究结果,特别是科特·戈德斯坦的工作和雅各布·冯·乌斯居尔的理论生物学。"①而从哲学上来说,对"符号性包孕"研究的根源在于意图弥合笛卡尔以来的感性和理性的分立状态,这种状态如梅洛-庞蒂所描述的:"经验主义所缺少的是对象和由对象引起的活动之间的内在联系。理智主义所缺少的是思维原因的偶然性。在第一种情况下,意识过于贫乏,在第二种情况下,意识又过于丰富,以至任何现象都不能引起意识。"②因此,在卡西尔看来,沟通和铺设人类灵魂与现实之路的是人类心灵的全部,包括它的功能、冲动、想象、意志和思维的总和。而"现实的真正概念不可能被表述成一个存在的简单和抽象的形式。它实际上包含了全部丰富多样的精神生活……在这个意义上,任何新的'符号形式'——不仅指认识的概念和体系,而且包括艺术、神话和语言的直觉世界——都再现了一个由内至外的内容,即'一个世界和心灵的综合体',它独自为我们创造了一个真正的统一体。"③因此,对"符号性包孕"的理解重点在于突出知觉的整体性和能动性,我们可以从以下几个维度来了解"符号性包孕"的内涵及其美学精神。

---

① John Michael Krois, *Cassirer's "Prototype and Model" of Symbolism: Its Sources and Significance*, p.531.
② [法]莫里斯·梅洛-庞蒂:《知觉现象学》,姜志辉译,商务印书馆2005年版,第53页。
③ Ernst Cassirer, *The Philosophy of Symbolic Forms*, (Vol.1), *Language*, Yale University Press, 1955, Introduction by Charles W. Hendel, p.46.

首先,"符号性包孕"和"包孕性的时刻"(pregnant moment)①有一定的相似之处。18世纪德国的几位美学家莱辛、赫尔德和歌德都对此有明确的表述。马丁·舒茨(Martin Schütze)认为,"包孕性的时刻"这一命题是与"形式的完善"以及"永恒"的概念相关的。他说:"用'永恒的'(ewig)这个词来表示形式的完善是18世纪最后一代伟大的德国作家的共同之处,它是一种超验主义的、主观的永恒概念。"②莱辛(Lessing)在《拉奥孔》中所提出的著名的"最富孕育性的顷刻"这种有关时间性的隐喻意指过去、现在和未来的关系,也意指现实性和可能性的关系,即现在孕育着未来,它是达到顶点之前的片刻,这一时间性中充满了想象力和可能性。莱辛用它来阐释在空间艺术中,画家或雕塑家如何将对象的动作在静态的艺术品中表现出来,他说:"但是一切物体不仅在空间中存在,而且也在时间中存在。物体也持续,……在这些顷刻中各种样子和关系之中,每一种都是以前的样子和关系的结果,都能成为以后的样子和关系的原因,所以它仿佛成为一个动作的中心。……绘画在它的同时并列的构图里,只能运用动作中的某一顷刻,所以就要选择最富于孕育性的那一顷刻,使得前前后后都可以从这一顷刻中得到最清楚的理解。"③而赫尔

---

① 德文:Der Prägnanteste Augenblick,英文:pregnant moment。Prägnanteste 原义为怀孕的,Augenblick 原义为片刻、顷刻。
② Martin Schütze, *The Fundamental Ideas in Herder's Thought*. Ⅱ, Modern Philology, Volume ⅩⅧ, October, 1920 Number.6, p.291.
③ [德]莱辛:《拉奥孔》,朱光潜译,人民文学出版社1979年版,第83页。

德(Herder)则在诗歌和艺术中通过结合亚里士多德对"功"(work)和"能"(energy)概念的区分,对这一命题进行阐释。"功"所表示的是持久的、永恒的(ewig)意味:"艺术家所要描绘的并非真实自然中的某个时刻,因为如果真是永恒的,那么这个时刻将是没有生命的,相反,他们所描绘的是'长久而幸福的表现、永恒的时刻等'(*den langen*,*seligen Ausdruck*,*the ewige Moment*,*i.e.*,)。"[①]换言之,艺术不是对现实的模仿,而是一种综合,通过艺术的完善,防止令人厌倦的重复观察,因此艺术中包含着抽象的、永恒的主观感受。任何行为中的极端时刻都不适合艺术,其原因并非因为它比任何其他事物都短暂,而是因为反复观看这一时刻会使作品变得空虚和无聊。而亚里士多德的"能"这一形式则体现在诗歌和所有通过时间流逝产生效果的艺术中。这些艺术不应该像绘画艺术一样,只着眼于一个完整的、至高无上的、能吸引我们全部注意力的时刻,而应该着眼于一系列不间断的动作,每一个动作都只是一个环节,而不是一个独立的高潮。

而赫尔德认为,绘画中的"美"应定义为这样一种品质,即"通过将所有部分同时和谐地设置,使整体成为永恒图景(ewige Anblick)的合适对象。"[②]而歌德也从生物学的"类型"入手,探讨了对这一"理想的思维方式"的寻求。歌德是林奈

[①] Martin Schütze,*The Fundamental Ideas in Herder's Thought*,II,Modern Philology,Volume XVIII,October,1920 Number.6,p.292.

[②] Martin Schütze,*The Fundamental Ideas in Herder's Thought*,II,Modern Philology,Volume XVIII,October,1920 Number.6,p.292.

的伟大追随者,但是他反对当时哲学和生物学领域的僵化的思维方式,其形态学超越了林奈之前所建立的自然体系,后者将自然按照我们的概念进行归类以便于被认识和理解。而歌德的形态学更注重生命的转化过程,而不仅仅是抽象的结果。歌德对"类型"的概念认知也与居维叶(Cuvier)或康多尔(De Candolle)不同,他认为不应从几何学或静态的角度去思考问题,也不应将"类型"看作生物结构中确定的和基本的不变关系的表达。在歌德的诗作《恒久寓于变化》(*Dauer und Wechsel*)中,歌德表现出对在"瞬息万变中揭示出永恒"的"理想的思维方式"(*ideal way of thinking*)的寻求。在永恒与变化之间的联系和不可分割的相互关系中,他寻求"理想的思维方式"的独一无二的特征。他说:"通过思想的'理想模式'……我们应该逐渐提升至正确的观点,'在那里,人类的理解力和哲学是一体的'。"① 这种存在与生成、永恒与变化的独特混合,被理解为形式的概念,这成为歌德生物学概念的基础。

卡西尔的"符号性包孕"具有莱辛、赫尔德和歌德的这种"最富暗示性的顷刻"和"瞬息万变中揭示出永恒"的意味。但是他的表述更直接的来源则是莱布尼茨,并将对这一概念的表述落实在动态性、丰富性和有机整体性上,这从他对莱布尼茨的赞赏可以清楚地体会到。卡西尔指出,这一命题中包含着预期,是"莱布尼茨所说的'包孕着未来'(praegnans futuri)的

---

① Ernst Cassirer, *The Problem of Knowledge*, trans. William H. Woglom and Charles W. Hendel, New Haven: Yale University Press, 1950, p.139.

另一种表述,即现在充满了未来。"[1]亨德尔称莱布尼茨是卡西尔"丰富灵感的来源",因为毫不过分地说,是莱布尼茨将生命的特征写进了终极实在的本质中。[2]在《启蒙哲学》中,卡西尔准确地抓住了莱布尼茨形而上学中的"单子"的生命特征及其创造的能动性:

> 莱布尼茨的"单子"不是一个算术单元,也不是一个纯数字单元,而是一个动力学的单元。这种单元的真正对应物不是特殊性,而是无限性。每个单子都是一个活的能量中心,正是单子的这种无限的丰富性和多样性构成世界的统一性。单子"在",就因为它是能动的,而它的能动性正在于它不断地从一种状态过渡到另一种状态,并且不断地从自身展开这些状态。……单子的每一简单因素都包含着它的过去,孕育着它的未来。……我们应当把单子的任何规定性都理解为处于过渡过程中。……莱布尼茨是用连续性原理取代了笛卡尔和斯宾诺莎的分析的同一性原理。……所谓连续性,意思就是多样性中

---

[1] Ernst Cassirer, *The Philosophy of Symbolic Forms*, (Vol.3), *The Phenomenology of Knowledge*, Translated by Ralph Manheim, Yale University Press, 1957, p.203. 在莱布尼茨的《人类理智新论》(1704)中有:"现在孕育着未来,并且满载着过去,一切都在协同出发。"见[德]莱布尼茨:《人类理智新论》,陈修斋译,商务印书馆1982年版,第10页。

[2] Ernst Cassirer, *The Philosophy of Symbolic Forms*, (Vol.1), *Language*, Yale University Press, 1955, Introduction by Charles W. Hendel, p.23.

的统一性、变异中的存在、变化中的恒久。①

在莱布尼茨哲学中,僵化的形式概念逐渐被打破。新的有机新哲学的基础被确立起来。在卡西尔看来,包孕并非指数量累积或联想组合,不能用简化为纯粹的推理判断行为来解释,而是一股生命和思想之流,通过流动的运动产生意识的多样性和内聚力、丰富性和连续性。无疑,符号的这种孕育、变化、预期流动性已经具有了美学的象征意义。"符号性包孕"不仅指的是当前的经验要求将过去的经验连接起来,而且要有将自己投射到未来的能力。正如卡西尔所说,"自我,认为自己是'置于时间之内'的,它否认自己是静态事件的总和,而是一个向前延伸到时间中的存在,并努力从现在走向未来。如果没有这种形式的努力,也就是我们所说的'表征',那么对我们来说,一个内容的实现就永远不会开始。"②事实上,我们对现在的体验既受到我们对过去的记忆的制约,也受到我们对未来的期望的制约。所有的行动都需要我们整合过去、现在和未来这三个短暂的时刻。

其次,卡西尔的"符号性包孕"也与"格式塔"(Gestalt)理论相关联,并更深地基于歌德"本原现象"(Urphänomen)

---

① [德]卡西尔:《启蒙哲学》,顾伟铭译,山东人民出版社1988年版,第26—27页。
② Ernst Cassirer, *The Philosophy of Symbolic Forms*, (Vol.3), *The Phenomenology of Knowledge*, Translated by Ralph Manheim, Yale University Press, 1957, p.180.

所指向的原始感知。"格式塔"即知觉的完形(Perceptual Gestalt),意味着感官体验是一个生成或闭合的连续过程,知觉并不被理解为感觉数据的接收,而是一种完整的形式。格式塔心理学的代表人物韦特默(Wertheimer)使用术语 Prägnanz 来强调感知过程与给出清晰轮廓的行为的类比。格式塔另一代表学者考夫卡(Koffka)认为,"包孕法则"或"完满法则"(law of pregnance)①是指,"只要当时的条件允许,心理组织将永远是'完善的'(good)"②。这里的"完善的"是指形式的稳定性、封闭性或连接性,因为"包孕(Prägnanz)影响形状、大小和表面属性,因此,如果场的条件改变得不太剧烈,那么对象最重要的方面就会被保留下来;也就是说,'事物'像旋律一样是不变的或可转置的"。③ 卡西尔把形容词"符号性的"(symbolic)加在"包孕"(pregnance)上,创造了他的术语"符号性包孕",因为实际上他用格式塔的"完满法则"描述了感知的整体性和意义在感知中体现的方式。④ 卡西尔认为,从格式塔心理

---

① Pregnancy 一词除了"怀孕"的意思外,还有"完满""意义或意味丰富"的内涵。见韦氏词典: https://www.merriam-webster.com/dictionary/pregnant,2021.12.8.
② K. Koffka, *Principles of Gestalt Psychology*, London: Kegan Paul, Trench, Trubner & Co.1936, p.110.
③ John Michael Krois, *Cassirer's "Prototype and Model" of Symbolism: Its Sources and Significance*, Science in Context 12, 4 (1999), pp. 535.
④ Ernst Cassirer, *The Philosophy of Symbolic Forms*, (Vol.3), *The Phenomenology of Knowledge*, Translated by Ralph Manheim. Yale University Press,1957, p.202.

学的观点来看,每一种特殊的格式塔和格式塔形式也都对应着一种特殊的"包孕"(Praegnanz),既有空间和时间上的"包孕"(Praegnanz),也有理论上的和美学上的"包孕"(Praegnanz),但在这里我们必须进一步从我们的角度说明这个问题,即"包孕"(Praegnanz)的具体特殊性是格式塔的具体差异的首要基础,并使其成为可能。所有表征(Vergegenwdrtigung)始终是特定"意义上"的表征。[1] 卡西尔在第三卷中引用考夫卡的观点:"诸如'友好'或'不友好'之类的现象是极其原始的,甚至比蓝色的斑点更原始。"[2]并提出知觉组织、表达和意义的初步统一是每个知觉的基础的观点。[3] 这种最初的统一被称为本原现象(Urphänomenon)或表达现象(phenomenon of expression/Ausdruck),它是卡西尔所说的思想的表达功能(Ausdrucksfunktion)的产物,它与我们对周围世界中充满情感和情感意义的事件的体验有关,无论是令人渴望的还是可恨的体验,还是受到安慰的或威胁的体验。事实上,对卡西尔来说,这种意义是神话意识的基础,也解释了它最显著的特征,即它完全无

---

[1] Cassirer wrote in an as yet unpublished text. Quote from John Michael Krois, *Cassirer's "Prototype and Model" of Symbolism: Its Sources and Significance*, Science in Context 12, 4 (1999), pp. 535.

[2] Ernst Cassirer, *The Philosophy of Symbolic Forms*, (Vol.3), *The Phenomenology of Knowledge*, Translated by Ralph Manheim, Yale University Press, 1957, p.65.

[3] Ernst Cassirer, *The Philosophy of Symbolic Forms*, (Vol.3), *The Phenomenology of Knowledge*, Translated by Ralph Manheim, Yale University Press, 1957, p.62.

视外观和现实之间的区别。在克罗伊斯看来,这是卡西尔符号形式的基础和先验原则。

"本原现象"一词(Urphänomenon)最初来自歌德,是歌德在1798年所写的一篇无标题的文章中首次提出的,也被称为"纯现象"(The Pure Phenomenon),即最初始、形态最简朴的原型。歌德将其与科学现象(或通过实验发现的现象)和经验现象(日常常识中出现的现象)区分开来。对歌德来说,"本原现象"不能用因果推理来理解,而更需要用感知,因为其中有更多的不确定因素。黑格尔也对歌德的"本原现象"很重视,他认为,"歌德的'本原现象'并不是意味着一种理念,而是意味着一种精神——感性的本质,在纯粹的本质概念和感性世界的偶然现象之间进行调和"。[1] 因此,"本原现象"既是一种知觉现象,也体现出知觉的局限性。歌德曾指出,通过测量的方法将颜色的差异转化为数字的差异会因此失去要解释的现象。对某些颜色,如火红或冷蓝的感知是一种"本原现象",即无法对它作进一步的解释。

卡西尔借鉴了歌德的"本原现象"思想,并将其与"符号性包孕"联系在一起。他认为,生命就是一个本原现象,它是基础的、首要的;它无法被定义,也不能作为概念来理解,符号是它的表现方式。"最根本的实在,在歌德看来,最终极的现象,的确只可以用'生命'一词去称呼。这种现象对任何人来说都是可以体验的;但它也是'不可理喻'的,因为它不接受任何定

---

[1] [德]卡尔·洛维特:《从黑格尔到尼采》,李秋零译,三联书店2006年版,第16页。

义和任何抽象的理论解释。我们不可能解释它,假如解释是指将一种未知的事实还原为一种众所周知的事实的话;因为不存在任何众所周知的事实。我们既不能给生命以逻辑定义,我们又不能找到生命的本原或第一原因。"[①]克罗伊斯(Krois)认为,"符号性包孕"等同于"象征意义"(symbolism)的概念,即通过对"象征意义"的理解即可解读"符号性包孕"的内涵和它所承载的原初的知觉指向。"符号性包孕"描述了象征意义对人类世界的"结构和建构"的积极作用;而在知觉中,"符号性包孕"作为一种象征出现,从而使感官将自己"呈现"为一种超出它本身的东西。卡西尔指出:"没有任何有意识的感知仅仅是被给予的……相反,每一种感知都包含一个明确的'方向特征',通过这个'方向特征',知觉指向它的此时此地以外的地方。作为一种纯粹的知觉差别,它本身却包含着经验的整体。"[②]感知的特定内容的这一特征携带着"经验的整体",也就是说,对我们可能称之为整个感知领域的一种参考,是"符号性包孕"的关键时刻。

所以在卡西尔的现象学中,本原现象也被称为表达现象(phenomenon of expression/Ausdruck)。这体现出卡西尔在知觉研究中对"意义"的重视。在卡西尔的《知识现象学》中,

---

① [德]卡西尔:"语言与艺术(Ⅱ)",《符号·神话·文化》,李小兵译,东方出版社1988年版,第142页。
② Ernst Cassirer, *The Philosophy of Symbolic Forms*, (Vol.3), *The Phenomenology of Knowledge*, Translated by Ralph Manheim, Yale University Press, 1957, p.203.

意义是一种"本原现象"的观点以不同的形式反复出现。卡西尔拒绝所有对"表达意义"的主观解释,拒绝它具有综合性、意向性,甚至是"关怀"的存在结构,而认为它是无法解释的。因为就如同"符号性包孕"一样,意义是一个"本原现象"或"基本现象"。这一主张,表明因果解释无法穷尽知识领域。人的生命,就其能够理解和反思而言,不能被简化为动物世界的那种生命,因为人的生命包含了比动物生命更多的东西,即符号性包孕的要素。而人也不只处于"知性世界"中,因为这只是一个法则的、物理的世界,"我们还有一个生命的领域,在这个领域里,……我们不能简单地思考绝对的法则和机械结构,而必须构想出解释时间的变化形式。"[1]因此,卡西尔反对以实质性的术语来设想现实,事实上,存在是体现关系的真实过程,而非事物的固定顺序,身体的"同一性"概念需要作为关系体现出来。他将"关系的体现"表述为三个基本现象(Basisphenomena),即生命、行动和劳作(work)。[2]

梅洛-庞蒂在《知觉现象学》中对身体主体的考察中,多次引用了卡西尔在《知识现象学》中对意义的分析,特别是符号性包孕的关键思想。梅洛-庞蒂明确地遵循卡西尔的学说,即符号性包孕先于任何一种给予意义的行为,它充满了原始感

---

[1] Ernst Cassirer, *The Philosophy of Symbolic Forms*, (Vol.1), *Language*, Yale University Press, 1955, Introduction by Charles W. Hendel, p.33.

[2] John Michael Krois, *Cassirer's "Prototype and Model" of Symbolism: Its Sources and Significance*, p.543.

性和生命性。这里的原始感性不同于意识现象学，它不是有意识的综合，而是生动的原初的感性。卡西尔以神话为例阐释原始感性，在卡西尔看来，神话是一种主体间性的现象，它是"以原始感知模式为基础"的表达意义的"符号形式"。[①] 卡西尔反对用"意识行为"来理解神话或审美意识，如树林中的窃窃私语或沙沙作响，影子在地上的快速移动，水面上的灯光闪烁，所有这些现象，在神话意识中似乎是生动的，都是直接表达出来的。将这些表达的现象视为解释、意图、综合或移情行为的结果，会将某种东西引入不存在的现象中，而忽略了表达的独特之处，即即时的、生动的感官整体性。

事实上，符号形式的生命性还渗透和体现在"构形性"中，即通过有意识的形式和结构的创造，从而赋予生命和经验以形式。这部分内容将集中在第五部分"作为符号形式的艺术和美"中予以阐释。

在接下来的部分，我们将依次进入各种具体的符号形式的探讨中，解读卡西尔对神话、语言、艺术、历史和科学的理解。

[①] Ernst Cassirer, *The Philosophy of Symbolic Forms*, (Vol.3), *The Phenomenology of Knowledge*, Translated by Ralph Manheim, Yale University Press, 1957, p.62.

第三章 作为符号形式的神话和宗教

1919年5月10日,汉堡大学正式成立,卡西尔于同年的6月18日被任命为人文科学学院教授。同时卡西尔在汉堡收获了一份重要的知识资源,从而对他的思想产生了重大的影响,那就是瓦尔堡文化研究图书馆(Die Kulturwissenschaftliche Bibliothek Warburg)。图书馆的创始人阿比·瓦尔堡(Aby Warburg,1866—1929)是21世纪艺术史的主要理论家之一,他对古希腊文化以及古人对现代世界影响的看法与当时盛行的"温克尔曼式"(Winckelmannian)的看法截然不同。在后者看来,古代世界是一种静谧而安宁的文化,但是对瓦尔堡来说,古典艺术是文艺复兴艺术中情感表达的原型形式的来源,瓦尔堡称这种原型形式为"情念模式"(Pathosformel)。他对神话、崇拜和仪式、占星术、魔法和原始医学的兴趣为古希腊和古罗马的研究提供了一种以往被忽略的新的视角和资源。卡西尔在汉堡定居不久,就在图书馆馆长弗里茨·萨克斯尔(Fritz Saxl)的带领下参观了图书馆,并在后来成为这里"最勤奋的读者"。萨克斯尔指出:"正如瓦尔堡通过他在梅萨维德的经历寻求直接理解欧洲文艺复兴时期的艺术一样,卡西尔试图通过他对在瓦尔堡图书馆收集的人类学资料的研究,从哲学上理解前哲学思维。"①瓦尔堡研究图书馆中丰富的资料给养以及与诸多当时顶级学者的交流和合作,促使卡西尔在1922年写就了《神话思维中的概念形式》(*The Form of the Conception in Mythical Thinking*)一文,并收录发表于瓦尔堡图书馆专刊中。这一时期所写的篇幅较为短小的有关神话的著作是《语言与神话》(1925),后苏珊·朗格将这部作品翻译成英文,成为卡西尔被广泛阅读的英译本。②《符号形式的哲学》第二卷《神话思维》(*Mythical Thought*)出版于1925年。后期的《符号·神话·文化》中所收录的乃是他1935—1945年的讲演,其中有对神话的探讨和考察。这些都为后来《人论》中的"神话"部分的写作提供丰富的资源和方法论支撑。

在卡西尔看来,神话是最原始的符号形式,也是人类文明中最为古老的把握世界和解释世界的方式之一,它与语言、艺术等人类活动有着不可分割的密切联系。神话作为一种符号形式,与人类心灵的某种先验性机制相关联,并作为法则影响着人类精神的发展和演变。神话是人类文化的基质,生发出宗教、艺术、历史和科学等人类精神客观化的伟大产品,它们的运行机制和方式无一不受到神话原理的支配和渗透。神话是秩序生成的最初一环,通过神话思维,人类从混沌走向秩

---

① John Michael Krois,*Cassirer Symbolic Forms and History*,Yale University Press,New Haven and London,1987,Introduction,p.22.

② John Michael Krois,*Cassirer Symbolic Forms and History*,Yale University Press,New Haven and London,1987,Introduction,p.23.

序,从蒙昧走向解蔽,从而获得对世界和自我的认知。但是神话思维并非在原始社会已经结束,毋宁说"它在人类文化的高级阶段仍然有其地位"。[①] 所以,"神话不仅是人类文化中的过渡性因素,而且还是永恒性因素。人并不完全是理性的动物,他现在是而且将来仍会是一种神话的动物。神话是人类本性的组成部分。"[②]神话被证明早已塑造在公众的生活中,成为一种文化的建构力量。

在《人论》中,卡西尔对神话做了基础性和一般性的考察,而在其晚年所写的《国家的神话》中,卡西尔将这种基础研究推展开来,形成一种对历史、社会和政治的探究。那么,卡西尔在何种意义上将神话和宗教作为一种符号形式来呈现的呢?它们何以成为卡西尔在探讨文化形式时首先着眼的对象呢?

首先,我们应该注意的是,卡西尔对原始宗教的研究是从原始生活的现实出发进行的,这就与康德哲学中的上帝、灵魂不灭和意志自由区分开来。他指出:"事实上并无'物自体',一切本质都是现象的,而一切现象都是本质的,并无超越现象的绝对本质,因而一切都是可知的,都是知识、经验可及之处。"[③]其次,卡西尔以对谢林的讨论开始了神话思想,因为谢

---

① [德]卡西尔:《符号·神话·文化》,李小兵译,东方出版社1988年版,第192页。
② [德]卡西尔:《符号·神话·文化》,李小兵译,东方出版社1988年版,第193页。
③ 见 Ernst Cassirer, *The Philosophy of Symbolic Forms*, (Vol.1), *Language*, Yale University Press, 1955, Introduction by Charles W. Hendel, p.34.

林在历史上是第一个发展"神话哲学"的人。他同意并接受了谢林将神话作为人类思维的基本方法的观点,尽管真理和神话看上去是两个截然不同的对立领域,但正是在这种对立之中,存在着一种挑战和特殊使命,在看似无理的东西中发现理智,在看似无意义的东西中发现意义,不像迄今为止人们所做的那样,做武断的区分。①第三,卡西尔批评谢林将神话视为揭示绝对的一个阶段,对于卡西尔来说,神话本身就是一种文化形式;它既不是单纯的原始宗教,也不是弗雷泽所说的原始科学。在1925年的《语言与神话》中,卡西尔得出结论,宗教、科学和所有其他拥有世界的方式都与神话有关。② 美国神话研究者伊万·斯特伦斯基(Ivan Strenski)认为,卡西尔投入神话哲学的研究的原因之一是他早期的对语言、科学、康德和黑格尔的哲学思考,这些知识旨趣一方面加深了他对德国理念主义传统的归属感,因为卡西尔有一种想要被称为黑格尔和谢林知识传人的渴望。③

下面我们分四个部分来解读《人论》中的神话思想。

---

① 关于卡西尔对谢林神话理论的阐释,请参见 Ernst Cassirer, *The Philosophy of Symbolic Form*, (Vol.2), *Mythical Thought*, Yale University Press, 1955, Introduction, p. 5–12.
② 参见 John Michael Krois, *The Priority of "Symbolism" over Language in Cassirer's Philosophy*, Synthese (2011) 179:14.
③ [美]伊万·斯特伦斯基:《二十世纪的四种神话理论》,李创同、张经纬译,三联书店2012年版,第21页。

一、从神话的结构判定思维的普遍性形式

在《人论》这部分的开篇,卡西尔就对神话和宗教给予了判断:"在人类文化的所有现象中,神话和宗教最难相容于纯粹的逻辑分析。"[1]从这句话我们就可以看出,神话和宗教无法用纯粹的逻辑分析方法来探究,特别是神话,它混沌、不定形、恐怖,题材无边无际,表达语无伦次,因此很难为人认知和把握。卡西尔借用弥尔顿的描述,即神话就是"一个深不可测的海洋,无边无际,苍苍茫茫,在这里长度、宽度、高度和时间、空间都消逝不见"[2]。这样一种存在物,似乎正符合了康德的"崇高"的特点——它既是"无形式、无限大"的对象,同时又是令人"恐惧"的对象。康德说,"如果自然应该被我们判断为力学性的崇高的,它就必须显示为引起恐惧的东西,……在审美判断(无概念的判断)中,对于障碍的优势只能按照抵抗力的大小来评定。但(如果)现在我们努力抵抗的是一场灾难,而且,如果我们发现我们的理想不足以对付这场灾难,它就是一个恐惧的对象。因此,对于审美判断力来说,自然只有在被看做恐怖的对象时,才被认为是力量,因而才被认为是力学性的崇高的。"[3]当然这种特性也适合于宗教。尽管从中世纪起,哲学

---

[1] [德]卡西尔:《人论》,第112页。
[2] [德]卡西尔:《人论》,第113页。
[3] [德]康德:《判断力批判》,见《康德美学文集》,曹俊峰译,北京师范大学出版社2003年版,第510页。

家就开始探讨宗教和理性的关系,力图按照理性的原理来理解宗教,但事实上,上帝是无法理解的,也是荒谬的,"真正的上帝、基督教的上帝,永远是隐秘的上帝"①。由于宗教生活的"荒谬"性内在于宗教中,消除这种荒谬性就等于消除了宗教。

面对这种神秘、恐惧、无形式和自相矛盾的神话和宗教,应该如何去认知和把握?卡西尔认为,我们应从"文化哲学的深层结构"而不是从形而上学体系或神学体系去看待宗教和神话,只有这样我们才会找到神话和宗教可以为人认知和把握的方向。所谓从"文化哲学的深层结构"的角度,就是从形式和功能的角度,而非内容和主题的角度去看待问题。功能和形式的同质化和统一性是卡西尔符号形式的重要特征,也是卡西尔在探讨某些文化结构之间的关系时所着眼的出发点和方法论原则。在神话和宗教混沌、无际、苍茫和多样的世界中,探求其功能的统一性是走向理解的钥匙,因为如果从原初概念或某种信仰来寻求神话的统一,似乎只有巴比伦的占星术和宇宙论才能满足这个条件,但是卡西尔也指出,"越来越清楚地表明,神话意识统一性这一基本问题,仅靠纯粹的经验主义和历史的客观性研究方法,是无法得到明确结论的。"②所以,从符号形式的角度来寻求神话的统一,寻求内在的根本原则,才是解决神话统一性的"阿里阿德涅之线"。"信条、教义以及神学的体系都处于没完没了的斗争之中,甚至不同宗教

---

① [德]卡西尔:《人论》,第113页。
② Ernst Cassirer, *The Philosophy of Symbolic Form*, (Vol.2), *Mythical Thought*, Yale University Press, 1955, Introduction, p.19.

的伦理观也是极为不同,几乎不可能彼此调和的;然而所有这些并不影响宗教感情的特有形式以及宗教思想的内在统一。"①而哲学也相信,哲学的任务就是揭示隐匿在各种神话和宗教图像和符号之下的意义,使其变成可理解的存在。

在《神话思维》中,卡西尔指出,柏拉图反对古希腊智者学派对神话的态度,后者喜欢从思辨的、科学的或伦理的角度去解释神话,这在柏拉图看来,这些哲学家只是将神话看作是"一种纯粹的巧智(wit)的运用,一种粗俗而造作的智慧"。②而柏拉图的神话观则简明而富于哲学性。在对神话的思考中,柏拉图不去关注神话琐细的细节,而是将神话放到纯粹知识的整体上。尽管卡西尔认为柏拉图这样欲求挽救神话的哲学方法其实也在哲学上取消了神话,但是他将神话看作知识本身的一种形态和一个阶段的做法也是必要的。因为"神话的意义远非作为物质材料,它被认为是人类认识世界的一种特定功能,这对回归神话固有的意义是必要的。依照如此理解,神话可以成为柏拉图哲学发展中真正的创造性和构形性的力量"。③那么,在各民族差异巨大的文化中,纷繁复杂的神话是否存在着一种同一性和共同的原则呢?卡西尔的结论是肯定的,"神话也追求一种'世界统一性',并沿着其精神'本

---

① [德]卡西尔:《人论》,第114页。
② Ernst Cassirer, *The Philosophy of Symbolic Form*,(Vol.2),*Mythical Thought*, Yale University Press,1955, Introduction, p.2.
③ Ernst Cassirer, *The Philosophy of Symbolic Form*,(Vol.2),*Mythical Thought*, Yale University Press,1955, p.3.

性'所规定的非常特殊的渠道奋力前行。即使是在最低水平的神话思维中(其似乎完全屈从于直接感觉印象和原初的感官驱动力),甚或在巫术中(它们将世界分散成一种混乱的、多重的恶魔力量),我们也能发现一些特征,它指向某种连结结构,指向这些力量的未来'组织'。……就像科学认知活动追求规律的层次,追求因果系统的上下序列一样,神话也追求力量和神的等级关系。"① 但他也指出,神话的同一性不是构成同一性各部分的实质的同质性,而是功能和活动的同一性和统一性。就正如在认识中,思维的形式规律可以使单纯的知觉的狂想变成知识的体系,而在神话领域中,我们也必须探究那种形式的统一性的本质,通过这种统一性,无限多样的神话世界不再是任意的表象和不相关的概念的单纯集合,而是构成一个独特的精神整体。所以,神话和宗教一样,"宗教的符号不断地变化着,但是根本的原则,符号活动本身,则保持着同一:教义变换,宗教如一。"② 毋宁说,这是变化中的同一和富有张力的统一。此外,卡西尔反对之前的理论将神话解释为非理性的、原逻辑的、神秘的东西的做法,认为这是"神话解释或宗教解释由之出发的诸前提,而不是解释的方式"。③ 而事实上,在对世界的解释中,神话和科学的解释世界的方式都有共通之处,"神话和科学对世界的解释都被同一种关系所支配:

---

① Ernst Cassirer, *The Philosophy of Symbolic Form*, (Vol.2), *Mythical Thought*, Yale University Press, 1955, p.62.
② [德]卡西尔:《人论》,第114页。
③ [德]卡西尔:《人论》,第127页。

统一性与多样性、共在性、连续性和承继性。"①

符号形式不是一个实体,而是功能。这种功能表现出来的是构成、建造、塑造、构形的力量。卡西尔反对将主体和客体截然区分的做法,神话中的"客体"意识并非在"一种僵化的、完成的状态中,在其纯粹的'原貌'中被'给予'意识。而是以独立的、自发的意识行为为前提。对象并不先于或外在于综合统一体存在,而只是由这个综合统一体所构成;对象不是把自己禁锢在意识上的固定形式,而是受意识的基本方法、直观和纯粹思想影响的构形操作的产物"。②换言之,客体也是有人参与和建构的客体,而非与人无涉的存在。而这种人与对象的关系在神话中表现得尤为明显,神话思维中缺乏非此即彼的区别意识,"神话意识在纯粹的'表象'和'真实'的感知之间,在愿望和实现之间,在形象和事物之间缺乏任何确切的分界线。"③与经验科学力图先将各种因素分开再把分开的诸因素综合不同,神话将能接触的一切都囊括在自己的统一性中,所有的实在都在神话中溶解,并且化为具体和一致的形象。"神话所设想的关系是这样的:进入关系的诸因素不仅进入一种相互性的理想关系,而且彼此积极地认同,成为同一个事物。在神话意义上相互接触的事物——无论这种联系被视为

---

① Ernst Cassirer, *The Philosophy of Symbolic Form*, (Vol.2), *Mythical Thought*, Yale University Press, 1955, p.60.
② Ernst Cassirer, *The Philosophy of Symbolic Form*, (Vol.2), *Mythical Thought*, Yale University Press, 1955, p.29.
③ Ernst Cassirer, *The Philosophy of Symbolic Form*, (Vol.2), *Mythical Thought*, Yale University Press, 1955, p.36.

空间或时间上的连续性,还是被视为相似性,无论多么遥远,或作为同一类或物种的成员,都从根本上不再是多样性的杂多了:它们已经获得了实质性的统一。即使在神话的最低阶段,这一点也很明显。"[1]因此,"在神话中,人将自己最深处的情感客观化了。他打量着自己的情感,好像这种情感是一个外在的存在物。"[2]

所以无论是神话还是语言,它们都有客观化的要求:

> 任何精神的成就或创造,在某种程度上都与空间世界有关,某种意义上都寻求在空间中安顿。因为向这个世界的转向,是向客观化、向存在的理解和确定性迈出的第一步。空间形成了一种普遍的媒介,精神生产力可以首先在其中建立自己,在其中它可以产生其最初的结构和形式。我们已经看到了语言和神话是如何让自己沉浸在这个媒介中并从中勾勒出自己的形象的。两者在这一过程中并不统一,而是采取不同的基本方向。在整个空间定位过程中,神话始终坚持原始的神话世界的感觉模式。神话所达到的空间直观并没有掩盖或破坏这种感觉,而是其表达的决定性工具。神话只有通过赋予空间中的每个"区域"一种独特的神话色彩,即"这里"和"那里"、太阳的升起和落下、"上面"和"下面",才能实现空间

---

[1] Ernst Cassirer, *The Philosophy of Symbolic Form*, (Vol.2), *Mythical Thought*, Yale University Press, 1955, p.63.

[2] [德]卡西尔:《语言与神话》,于晓等译,三联书店1988年版,第153页。

的确定和区分。……近与远,高与低,左与右——都有其独特性,有其特殊的神话意义模式。……使一个领域在空间上与众不同的,不是抽象的、几何的决定,而是它所处的独特的神话氛围,即围绕着它的神秘灵晕。相应地,神话空间中的不同方向不是概念上的或直观上的关系,它们是独立的实体,被赋予了恶魔般的力量。一个人必须沉浸在代表方向的神和魔鬼的艺术表现中(正如我们在古代墨西哥文化中发现的那样),才能完全感受到这种所有空间规定都拥有的神话意识的观相学特征(physiognomic character)所表达的意义。①

二、神话作为认识方式

神话被认为是人类早期智慧的表征,而神话世界是理性世界的准备阶段,所以卡西尔指出:"人类知识的性质和起源问题并不是哲学思辨的晚期产物。它是人类的一个根本问题,我们不能给它指定任何明确的历史开端,因为它的最早痕迹是在神秘主义和宗教思想的原始层次中发现的。"②所以,

---

① Ernst Cassirer, *The Philosophy of Symbolic Forms*, (Vol.3), *The Phenomenology of Knowledge*, Translated by Ralph Manheim. Yale University Press, 1957, p.150.
② Ernst Cassirer, *The Problem of Knowledge*, trans. William H. Woglom and Charles W. Hendel, New Haven: Yale University Press, 1950, Introduction, p.1.

"所有的自然科学都不得不通过一个神话阶段。"[①]而对神话意识的探究和理论理解可以一直追溯到科学哲学的起源,神话对人的智性的生成和认识的提升有着重要的意义,因为"哲学对神话及其形态的关注要早于其他文化领域。从历史和系统的角度来看,这都是可以理解的,因为只有掌握了神话思想,哲学才能第一次清楚地阐明自己的概念和使命。凡哲学要建立一种理论的世界观,它所面对的与其说是直接的现象的实在,不如说是这种实在的神话变形。"[②]因此,尽管神话世界有别于逻各斯的理性世界,神话力量也与理性力量不同,"但有人试图证明(前)一个世界至少是另一个世界的准备阶段:这就是所有古代科学中都存在的对神话的寓言解释的萌芽。"[③]在《神话思维》中,卡西尔揭示了人类思维的高级阶段如何起始于神话阶段:"宇宙和宇宙中天体结构的图景起源于占星术对空间和空间过程的见解。在运动的一般性学说发展成为一种纯粹的力学———一种对运动现象的数学表示———之前,它就曾试图回答运动的起源问题,这将它带回到神话的创世问题上,即'第一推动者'问题。与空间和时间的概念一样,数的概念在成为纯粹的数学概念之前,也是一种神话的概念,这种概念虽然与原始的神话意识相异,但却构成它所有更高结构

---

① [德]卡西尔:《人论》,第265页。
② Ernst Cassirer, *The Philosophy of Symbolic Form*, (Vol.2), *Mythical Thought*, Yale University Press, 1955, Introduction, p.1.
③ Ernst Cassirer, *The Philosophy of Symbolic Form*, (Vol.2), *Mythical Thought*, Yale University Press, 1955, Introduction, p.2.

的基础。早在数字成为一种纯粹的测量单位之前,它就被尊崇为'神圣的数',这种虔敬的灵晕(aura)仍然笼罩着科学的数学的开端。"①

卡西尔接受了维柯的《新科学》中的神话哲学思想,并赞赏他是"第一个尖锐而明确地提出现代哲学人文科学结构设计方案的人"。② 在维柯看来,人文科学的结构不同于数学逻辑和自然科学的逻辑,它有其自己的完全自主性和独特性,因为"民政社会的世界确实是由人创造出来的,所以它的原则必然要从我们自己的人类心灵各种变化中就可找到。……民政世界既然是由人类创造的,人类就应该希望能认识它"。③而神话正是探究早期人类在认识世界、认识自我的重要手段。同时,维柯在《新科学》中探究了神话符号的最初形态,"最初的人类都用符号说话,自然相信电光箭弩和雷声轰鸣都是天神向人们所作的一种姿势或记号。因此从'nuo'(作手势)这个词派生出 numen 即'神的意志'这个词,用一种更崇高和更有价值的意象来表达天帝雄威这种抽象意义。他们相信天帝用这些记号来发号施令,这些记号就是实物文字,自然界就是天

---

① Ernst Cassirer, *The Philosophy of Symbolic Form*, (Vol.2), *Mythical Thought*, Yale University Press, 1955, p.60.
② Ernst Cassirer, *The Form of the Concept in Mythical Thinking* (1922), *The Warburg Years* (1919 – 1933), *Essays on Language, Art, Myth, and Technology*, Translated and with an Introduction by S. G. Lofts with A. Calcagno, Yale University Press, New Haven and London, 2013, p.4.
③ [意]维柯:《新科学》,朱光潜译,商务印书馆1989年版,第154页。

帝的语言。"①这些思想对卡西尔的神话的符号形式建构有着重要的影响。卡西尔认为，神话和语言的关系十分密切，并且相互制约。在巫术中，语词和名称不仅具有描述功能，而且能够表现内在本质力量："它（名称）表达了人最内在和本质的内容，而且它确实'是'其最内在的本质。名称和人格融合在一起。在宗教入会仪式中，一个人被赋予了新名称，因为他在这种仪式中接受的是一个新的自我。神的名称首先构成了其本质和功能的真实部分。在祈祷、赞美诗和所有形式的宗教仪式中，人们必须非常审慎地用适当的名字来称呼每一位神，因为只有当诸神被以适当的方式称呼时，他才会乐于接受献祭。"②一种名称也是一种概念，它具有界定、归类的功能。所以卡西尔说："神话与语言一样，在心智建构我们关于'事物'的世界的过程中执行着做出规定和做出区别的功能；对于这种功能的洞见，似乎是一种'符号形式的哲学'所能教导我们的全部内容。"③

神话作为一种认识方式，它也和科学、哲学、历史一样，能够通向真理。但是这种真理不是科学的实质性的真理，即并非一个事实与命题之间相对应的形而上学意义上的严格真理观，也不是不偏不倚的、与人无涉的真理，毋宁说，神话的真理内在于人的创造活动中，通过这种创造性的符号活动，人的悲

---

① [意]维柯:《新科学》，朱光潜译，商务印书馆1989年版，第185页。
② Ernst Cassirer, *The Philosophy of Symbolic Form*, (Vol.2), *Mythical Thought*, Yale University Press, 1955, p.41.
③ [德]卡西尔:《语言与神话》，于晓等译，三联书店1988年版，第42页。

伤、恐惧、欢乐、痛苦、激动、兴奋和狂喜等各种情感外化和客观化出来，成为可以观照的存在。所以，神话的情感客观化过程是与神话的真理紧密相连的，因为在卡西尔看来，神话的真理是一个过程，而非一个结果，它是创造的，而非给予的。神话的世界是一个行动的、超自然的、神鬼的世界，而不是一个遵循因果律的自然力量的世界，它是戏剧化的世界。由于神话的世界是功能性的，而非实体的，因此它的真理也具有生命哲学的特有色彩：功能性、动态性、创造性和过程性。

神话具有虚构的成分，"但它是一种无意识的虚构，而不是有意识的虚构：原始精神并没有意识到它自己的创造物的意义，揭示这种意义——探查在这无数的假面具之后的真相的，乃是我们，是我们的科学分析。"[①]事实上，原始人并不探究神话背后的意义，探究意义乃是现代人的事情。现代人用两种方法来探究意义，一种是客观方法，如人种学和人类学的方法，另一种是心理学方法，如弗洛伊德的性欲分析法。而这两种方法都欲求用理智还原的过程来理解神话世界。但是这种目的无法达到。

神话言说真理的功能也源于它的复杂的结构要素。卡西尔指出，神话的结构包含两个方面的要素，即理论要素和艺术创造的要素。前者指的是科学的客观要素，而后者则指向创造性和想象的要素。这就决定了神话一方面与艺术有亲缘关系，体现出情感的外化，以及对情绪情感的抒发；另一方面，神话与科学有相同的根基，即它们对规律性的探求。这种复杂

---

① [德]卡西尔：《人论》，第115页。

性使得神话似乎处于感性—理性、情感—逻辑、个体—普遍的交融状态中,从中我们可以感受到神话的巨大生命力和生成力。

神话和艺术既有联系又有区别。卡西尔在《人论》中引用普雷斯科特(F.C.Prescott)在《诗歌与神话》中的语句表述神话与诗在发生学上的亲缘关系:"古代神话,乃是现代诗歌靠着进化论者所谓的分化和特化过程而从中逐渐生长起来的'总体'(mass)。神话创作者的心灵是原型;而诗人的心灵……在本质上仍然是神话时代的心灵。"[①]但神话和艺术的差异也很明显,表现在后者更注重"无功利性"的"审美静观"。在《判断力批判》中,康德对美所进行的四个维度的分析中,第一个"质"的层面的第2节就是"决定鉴赏判断的愉快没有任何利害关系",[②]审美判断或鉴赏判断中不能掺杂任何利害关系,否则无法成为鉴赏判断,所以康德要求人们"要在鉴赏活动中充当法官,一个人必须对事物的存在毫无偏爱,完全漠不关心"。[③]但是这一"静观"和"漠不关心"态度与神话全然不同。神话相信有一种内容和实在的存在,"在神话想象中,总是暗含有一种相信的活动。没有对它的对象的实在性的相信,神话就会失去它的根基。"[④]而这一点似乎与科学十分

---

① [德]卡西尔:《人论》,第117页。
② [德]康德:《康德美学文集》,曹俊峰译,北京师范大学出版社2003年版,第451页。
③ [德]康德:《康德美学文集》,曹俊峰译,北京师范大学出版社2003年版,第452页。
④ [德]卡西尔:《人论》,第117页。

相近。

　　神话与科学的关系可以表现为二者都有对逻辑和规律的追求。卡西尔指出:"所有科学的实际起点,即科学由之开始的直接性,与其说是在感觉领域,不如说是在神话的直观领域。"[1]詹姆士·弗雷泽认为:"关于世界的巫术观念和科学观念是颇为相似的。在巫术与科学中,事物的连续完全是有规律和确定的,都是由永恒不变的规律决定的。规律的运动能被准确地预见和推测。突变、机遇和偶然的原则完全不适用于自然的进程。"[2]但是弗雷泽指出,尽管从理论上讲,巫术就是科学,但是从实践上讲它是一种伪科学,因为"巫术致命的缺陷不在于它关于规律决定事物秩序的一般假定,而在于它关于决定这种秩序的特殊规律,其本质是错误的……从总体上说,巫术的仪式都是思想的两个基本规律的这样或那样的错误使用。……它们的合理运用便产生了科学,而不合理运用,则产生了巫术——科学的私生姐妹"。[3]

　　对于原始人所创造的神话是否具有逻辑和秩序的问题,19世纪存在着两种对立的说法。一为19世纪的科学人类学代表人物E.B.泰勒所提出的观点,他在《原始文化》中认为,原始人的心灵和文明人的心灵并无本质的区别,他们的思想看似古怪离奇,但却并非全然无序,相反,在一定意义上,原始人

---

[1] Ernst Cassirer, *The Philosophy of Symbolic Form*, (Vol.2), *Mythical Thought*, Yale University Press, 1955, Preface, xvi.
[2] [德]卡西尔:《国家的神话》,范进等译,华夏出版社2015年版,第9页。
[3] [德]卡西尔:《国家的神话》,范进等译,华夏出版社2015年版,第9页。

的逻辑甚至是完美的,"原始人的行为和思考简直像一个地道的哲学家,他把感觉经验的材料结合起来,并力图赋予它们一种连续的系统的秩序。"[1]尽管这一结论有夸张的成分,但为后人理解神话提供了途径。而另一说法为列维-布留尔(Levy-Bruhl)提出,他反对上述观点,认为要想在原始人的心灵与我们自己的心灵之间寻求一种共同的尺度是不可能的,因为它们是根本相对立的,对于现代文明人所深信不疑的规律,原始人是无法理解的。原始人的逻辑是一种"前逻辑"或神秘的存在,对于现代人来说,它们是不可知的。卡西尔则总结了这两种对立的神话观,认为尽管原始人的思维是古怪而荒谬的,但是它同样存在着特定的逻辑结构,因为一个未开化的人不经过持久的努力来理解这个世界的话是无法生存在这个世界中的,他必须生成和运用某种思想的一般形式和范畴。但是原始人的思维并没法达到运用纯粹的思辨能力的程度,他们无法用推论和辩证法思考问题,拥有的只是一种不成熟的分析和综合,以及辨别和统一的能力。[2]

三、神话是生命和情感的客观化

如果假定我们自己的逻辑和原始人的逻辑有着绝对的异质性,那么如何看待原始生活和原始文化中的许多方面表现出我们现有文化中所熟知的各种特点?对于这一难解之谜,

---

[1] [德]卡西尔:《国家的神话》,范进等译,华夏出版社2015年版,第11页。
[2] [德]卡西尔:《国家的神话》,范进等译,华夏出版社2015年版,第16页。

卡西尔认为,我们不应从我们的眼光去看待原始人,而应该按照原始人的眼光来观照他们,当我们自己的目光发生变化时,情况就会发生颠覆性的变化,"从这些前提抽取出来的结论就不再显得是非逻辑的或反逻辑的了。"[1]甚至我们之前想要使神话逻辑化和理智化的企图,即将神话"解释为是理论真理或道德真理的一种寓言式表达——都是彻底失败的"。[2]因为"我们称为非理性、原逻辑、神秘的东西,都是神话解释或宗教解释由之出发的诸前提,而不是解释的方式"。[3] 原始人对自然和世界的认识与我们有根本的差异,神话作为他们认识世界的重要方式,体现了原始人认知的特点。首先,神话世界不是一个遵循因果规律的物理世界,而是一个人的世界。因此,神话世界不是一个可以归结为几个因果律的自然力量的世界,而是一个戏剧世界——一个行动的、超自然的,神或鬼的世界。毫无疑问,这也是一种客观化,但又是一种具有特定方向和趋势的客观化。[4]"在神话思维中,我们发现的正是这种客观化和实在化。也就是说,各种情感——恐惧、忧愁、痛苦、激动、欢乐、极度兴奋、狂喜——都具有自己的形状和面貌。就此而言,我们可以把神话界定为宇宙的面相学的解释而不是理论或因果解释。"[5]基于此,卡西尔得出结论说:如果我们把

---

[1] [德]卡西尔:《人论》,第127页。
[2] [德]卡西尔:《人论》,第127页。
[3] [德]卡西尔:《人论》,第127页。
[4] [德]卡西尔:《语言与神话》,于晓等译,三联书店1988年版,第152页。
[5] [德]卡西尔:《语言与神话》,于晓等译,三联书店1988年版,第153页。

神话世界看成一个纯粹梦幻的世界,看作一堆乱七八糟的迷信或幻觉,那就大错特错了,实际上,神话也有自身的结构。在多神教思维中,世界已不再处于变幻莫测的状态之中了,它已经被划分为一些明确的区域,建立起一个神的等级秩序,这表明神话思维对于世界的"客观化"已有了较为清楚的认识。

此外,这种客观化也表现在卡西尔和谢林对待神话的不同态度上。谢林从同一哲学原理出发,认为"神话的每一形象在理念上是无限的"。[①]即在神话的神秘性中体现出一种绝对的东西,它以一般与特殊的统一为本质特征。卡西尔摒弃了谢林的神秘主义色彩,也抛弃了谢林的"绝对同一"理念,认为神话是一种思维方式,是远古时期人类与周围世界的真实关系,也是早期人类认识世界的方式。神话的世界并非幻象的世界,而是现实的、真实的、客观的世界。在原始民族中,神话与艺术一样,都不是闲情逸致的产物,它们是在生活、生产和劳动中伴随着生存需要而产生的符号形式,也是人对不确定的时间和空间进行认识和把握的方式。所以卡西尔说:"我们看到,自己被带回了一个没时间进行虚构的领域,无论是个人还是民族都没有时间进行人为的伪装或曲解。"[②]所以,为了理解神话,我们需要将自己设想到原初的世界去理解和感受。在当时人们的眼中,神话必然是真实的,神话不仅有思想的必然性,也有现实的必然性。卡西尔并非意识不到神话的"虚

---

① [德]谢林:《艺术哲学》,魏庆征译,中国社会出版社1996年版,第79页。
② Ernst Cassirer, *The Philosophy of Symbolic Form*, (Vol.2), *Mythical Thought*, Yale University Press, 1955, Preface, p.6.

安"性——这在他的文本中有清晰的阐释,是无可置疑的。但是他所着力指出的是,人类对世界认知最先使用的是神话符号,即神话传说、图腾等,以及从神话发展而成的艺术和宗教等手段。

四、一体化的生命观

原始人所处的神话世界与当代人的世界不同,后者是稳定的,是由实体与属性、现象与本质所构成的概念的两极。但是神话世界却并非如此,它们是更为动荡的世界:"神话世界仿佛是处在一个比由事物与属性、实体与偶性构成的理论世界远为易变而动摇不定的阶段。为了把握和描述这种差别,我们可以说,神话最初所感知的并不是客观的特征而是观相学(physiognomical)的特征。"[①]所谓"观相学",原指一个人的面部特征或表情,尤指当被认为是性格或种族起源的象征时[②]。卡西尔的用法与上述基本相同,但是他用以突出了神话所具有的与科学截然不同的品质,即人格性。他曾批评弗雷泽认为神话是"原始科学"的说法,因为这种观点歪曲了神话和科学的概念。科学关注的是作为"它"(it)的世界,而神话是万物有灵论的,关注的是生命的统一。在卡西尔看来,尽管文

---

① [德]卡西尔:《人论》,第119页。
② https://cn.bing.com/search? q = physiognomical&qs = n&form = QBLHCN&sp =-1&pq = physiognomical&sc = 3-14&sk = &cvid = D3D76540C19A481D88CE1D0C93404C23,日期:2021年7月29日。

艺复兴时期的占星术是一套使用数学计算的高度编码的信仰,并成为人类思想的一项非凡成就,但它并非科学,而是神话的系统化。如神话对恒星和行星的考察并非聚焦于它们的客观属性,而是集中在它们的"影响"上,或集中于它们好战、精力充沛和被用来影响人类的性格和命运的其他个人特征上。神话对天体的这种个性化描述体现了它们独特的特征,即神话不像科学那样能够努力去概括,从而根据普遍规律来统一地看待所有天体。因此,即使将神话放入一个体系,也仍然是神话。①

我们可以从普遍性、综合性、连续性、不可分割性等几个方面对神话的生命一体化进行认识。

第一,神话的情感绝非个人的情感,而是普遍性的情感。神话的世界充满了情感的色彩,往往从感性方面来以己度人或以物度物,是充满主观性的世界,因此神话所具有的情感性看上去仿佛并没有普遍性。但是,尽管神话的生成并不遵循物理世界的客观法则,神话思维也不遵循逻辑性的分类和系统化的方式,然而从原始智力来说,神话所"独具的东西不是它的逻辑而是它的一般生活情调(sentiment)"②,即神话所具有的情感并非个人偶然的情感抒发。黑格尔曾将古代神话人物的个性定义为"独立自足性",但他反对将本身是神性和绝对的东西称为独立自足的,也不同意将个体性格的自由自在

---

① 见 John Michael Krois, *The Priority of "Symbolism" over Language in Cassirer's Philosophy*, Synthese (2011) 179:10.
② [德]卡西尔:《人论》,第128页。

性说成独立自足的。在黑格尔看来,"只有在个性与普遍性的统一和交融中才有真正的独立自足性,因为正如普遍性只有通过个别事物才能获得具体的实在,个别的特殊的事物也只有在普遍性中才能找到现实存在的坚固基础和真正内容(意蕴)。"①荷马笔下的英雄人物所拥有的独立自足性就来源于此,尽管他们有自己的鲜明的个性、专断的意志和行动的自由,但他们"很少和他所隶属的那个伦理的社会整体分割开来,他意识到自己与那整体处于实体性的统一"。②卡西尔认为,从神话的源头可以看到,在对物理世界和自然现象的直观中无法找寻神话的源泉,神话的不是从自然而来,而是从社会而来,它是基于人在实践和劳作基础上的共同经验和共同意识而产生的,因而具有人类感性的共通性特征。在《新科学》中,维柯根据神话和历史研究了人类各民族人性所具有的一般本质和共有原则。他指出:"共同意识(或常识)是一整个阶级、一整个人民集体、一整个民族乃至整个人类所共有的不假思索的判断。"③这意味着"起源于互不相识的各民族之间的一致的观念必有一个共同的真理基础"。④康德对共通感问题十分重视,他说:"我们必须把共通的感觉理解为共有的感觉的观念。"伽达默尔也认为,共通感"不仅是指那种存在于一切人

---

① [德]黑格尔:《美学》(第一卷),朱光潜译,商务印书馆1997年版,第230—231页。
② [德]黑格尔:《美学》(第一卷),朱光潜译,商务印书馆1997年版,第241页。
③ [意]维柯:《新科学》,朱光潜译,商务印书馆1989年版,第103页。
④ [意]维柯:《新科学》,朱光潜译,商务印书馆1989年版,第103页。

之中的普遍能力,而且同时是指那种导致共同性的感觉。……那种给予人的意志以其方向的东西不是理性的抽象普遍性,而是表现一个集团、一个民族、一个国家或整个人类的共同性的具体普遍性。"[1]而神话的普遍性正是基于此的普遍性,它基于生命一体化原则,在动态、连续、生活和劳作中形成的情感的普遍性,而非静止、分割、抽象和条分缕析的形而上学的普遍性。所以卡西尔指出,"神话的所有基本主旨(fundamental motives)都是人的社会生活的投影。靠着这种投影,自然成了社会化世界的映像:自然反映了社会的全部基本特征,反映了社会的组织和结构,区域的划分和再划分。"[2]神话的普遍性中也包含着真理和客观性的因素,也显示出人类社会的种种特征,因此神话的生命和情感绝非个人的情感,而是普遍化的生命和情感。

第二,神话世界的综合性和连续性。卡西尔指出,在神话世界中,"生命观是综合的,不是分析的。"[3]这种综合体现为以情感为基调渲染一切现象。"神话是情感的产物,它的情感背景使它的所有产品都染上了它自己所特有的色彩。原始人绝不缺乏把握事物的经验区别的能力,但是在他关于自然与生命的概念中,所有这些区别都被一种更强烈的情感湮没了:他深深地相信,有一种基本的不可磨灭的生命一体化(solidarity

---

[1] [德]伽达默尔:《真理与方法》,洪汉鼎译,上海译文出版社2004年版,第25页。
[2] [德]卡西尔:《人论》,第124页。
[3] [德]卡西尔:《人论》,第127页。

of life)沟通了多种多样形形色色的个别生命形式。"①

神话思维属于前逻辑的思维(prelogical thought),它充满了神秘性和互渗性。所有的事物都在关系之网中,在其中神秘的互渗和排斥并存,万物有灵。它们看似混乱而无逻辑,但是当我们以原始人的眼光看待问题的话,就会找到神话的机制和规律。神话无法用理智化来规范,它们所具有的统一性是情感的统一性。"神话的真正基质不是思维的基质而是情感的基质。神话和原始宗教绝不是完全无条理性的,它们并不是没有道理或没有原因的。但是它们的条理性更多地依赖于情感的统一性而不是依赖于逻辑的法则。"②原始人用情感的统一性来看待世界,世界并非原本的生物学的样子,而是人所看待和解释的样子。情感之所以成为统一的基质,是由神话思维不同于科学思维的性质所决定的。科学思维使用分类和系统的方法来说明实在,它将完整的生命切割开来,成为各自不同的领域,彼此之间没有交流,植物、动物、人之间有着明显的界限,如林奈的分类法用种属的关系对植物进行分类,开启了现代科学既统一又分隔的先河。而情感的统一性不同于科学分类,它是流动的,可以赋予任何实际事物之上,并增加它们的色彩,在这一点上,事物是统一的,因此"情感的统一性是原始思维最强烈最深刻的推动力之一"。原始人的生命观是综合未分、连续并可以相互转化的,在不同的生命领域没有明显的差异,神话世界是自由的世界。"如果神话世界有什

---

① [德]卡西尔:《人论》,第129页。
② [德]卡西尔:《人论》,第127页。

么典型特点和突出特性的话,如果它有什么支配它的法则的话,那就是这种变形的法则。"①原始社会的图腾制就基于此。"一切社会存在都植根于具体的共同体形式和感觉。我们越是成功地揭示了这一根源,就会越明显地发现,共同体的主要感觉永远不会停留在我们在高度发达的生物类概念中所设定的界线上,而是超越这些界限,走向生物的整体。早在人类知道自己是以某种特定的力量与自然分开来,并以特定的至高无上的价值从整个自然中脱颖而出之前,他就知道自己是整个生命链条中的一环。在其中,每个个别的生物和事物都神秘地与整体联系在一起,因此作为生命本身的'天然'形式,保持持续不断的转变,并从一个存在变形到另一个存在,不仅是可能的,而且是必然的。"②而这种变形和转化也是自我意识发展的表征。

由于原始人秉承着生命一体性的原则,因此无论植物、动物和人都处于同一个层次中,它们在变动中寻求统一,所以神话的生命"没有被划分为类和亚类,它被看成是一个不中断的连续整体,容不得任何泾渭分明的区别"。③ 生命一体性表现在空间和时间中,既适用于同时性秩序,也适用于连续性秩序。"一代代的人形成了一个独一无二的不间断的链条。上一阶段的生命被新生生命所保存,祖先的灵魂返老还童似的

---

① [德]卡西尔:《人论》,第128页。
② Ernst Cassirer, *The Philosophy of Symbolic Form*,(Vol.2),*Mythical Thought*,Yale University Press,1955,p.194.
③ [德]卡西尔:《人论》,第127页。

显现在新生婴儿身上。现在、过去、将来彼此混成一团而没有任何明确的分界线;在各代人之间的界限变得不确定了。"①这种对于生与死的认知在哲学中也表现出来,但是哲学往往将目光放在死亡上,它是"对死亡现象的坚定而顽强的否定。"②这一理念也导致了原始人的祖宗崇拜,卡西尔同意斯宾塞提出的观点,即"祖宗崇拜应当被看成是宗教的第一源泉和开端,至少是最普遍的宗教主题之一。在世界上似乎没有什么民族不以这种或那种形式进行某种死亡的祭礼"。③维柯所讲的原始人进化的三个阶段可以作为这方面的佐证,即神的时代、英雄时代和人的时代,而从原始人走向文明的共有特征则是宗教、婚姻和埋葬。他说:"我们观察到一切民族,无论是野蛮的还是文明的,尽管是各自分别创建起来的,彼此在时间和空间上都隔很远,却都保持住下列三种习俗:(1)它们都有某种宗教;(2)都举行隆重的结婚仪式;(3)都埋葬死者。无论哪一个民族,不管多么粗野,在任何人类活动之中没有哪一种比起宗教、结婚和埋葬还更精细,更隆重。"④因此,死亡在原始人那里既是恐惧的对象,也是崇拜的对象。他们坚信生命的坚固、生命的不可屈服和不可毁灭,并依靠人的不断努力,依靠严格的巫术仪式和宗教来加强这种信念。

在原始神话中,所有的生命形式都有亲族关系,因此能够

---

① [德]卡西尔:《人论》,第131页。
② [德]卡西尔:《人论》,第132页。
③ [德]卡西尔:《人论》,第132页。
④ [意]维柯:《新科学》,朱光潜译,商务印书馆1989年版,第154页。

产生图腾崇拜这种最原始的文化类型。图腾崇拜的起源在于神话思维中的"物类的统一性",它指的是各种物类,包括人和动物都结合在一起,形成一种同一状态。"那些属于同一巫术功效领域、共同履行某种巫术功能的元素,总是表现出一种融合的趋势,成为一种潜在的神话同一性的纯粹表现。"[1]神话思维达成无差异状态的同一性范畴的基础是"巫术联想法则,也就是巫术的'交感'(sympathy)规则"[2]。在神话世界中,动物对自然界和人的影响是十分神秘的,如,"大多数原始民族都把在某个季节出现的动物看作是季节的创造者和引发者:在神话思维看来,其实是燕子'创造'(makes)了春天。"[3]在原始仪式中利用想象重复着"实际"的操作,如狩猎、繁殖等。因此,在神话思维中,多种多样的生物种类是由同一个生命力所引起的生成和生长,是不可分割的连续统一体。

五、巫术、神话和宗教的关系

在《人论》中,卡西尔还利用大量的篇幅探讨了宗教如何从巫术和神话发展而来,这让我们对宗教的发生以及神话和宗教的关系有了更加深入的了解。

---

[1] Ernst Cassirer, *The Philosophy of Symbolic Form*, (Vol.2), *Mythical Thought*, Yale University Press, 1955, p.181.

[2] Ernst Cassirer, *The Philosophy of Symbolic Form*, (Vol.2), *Mythical Thought*, Yale University Press, 1955, p.182.

[3] Ernst Cassirer, *The Philosophy of Symbolic Form*, (Vol.2), *Mythical Thought*, Yale University Press, 1955, p.182.

宗教伴随着神话而来,但是无法确定一个标明神话终止和宗教开端的点,因为在宗教的整个历史过程中都渗透着神话的内容。而早期粗糙的神话中也蕴藏着后来宗教的主旨。那么,神话如何走向宗教,它内在的生成机制是什么呢?卡西尔说:"神话从一开始就是潜在的宗教,导致从一个阶段走向另一个阶段的绝不是思想的突然转折也绝不是感情的剧烈变化。"[①]卡西尔通过吉尔伯特·穆雷(Gilbert Murray)所考察的古希腊宗教的三个阶段来阐释神话和宗教的关系:

第一阶段是"宙斯开始扰乱人的心智之前的时代",它的表现形态为原始人单纯无知,以及生命一体化的情感,人们倾向于把它作为一切宗教的标准开端,或把它当成宗教得以形成的标准原始材料;

第二阶段为"奥林匹斯的征服过程时期"(荷马的宗教时期)。它的表现心态为:(1)人们用不同的观念来想象自然以及他在自然中的地位;(2)对生命一体化的一般感情让位于一种新的更强烈的主旨——人的个体性的特有意识;(3)不再有血缘关系把人与植物或动物联结起来;(4)宙斯变成了自然神,变成了最高伦理理想的代表,成为正义的监护者和保护神。

第三阶段为"人的阶段",其表现形态为:(1)人类心智的一种新力量和新的能动性的觉醒;(2)对神的依赖感。

但是,在卡西尔看来,"神话"和"宗教"还是有根本性区别的,这表现为,神话的世界是真实性的,而宗教的世界是虚幻

---

① [德]卡西尔:《人论》,第137页。

的。卡西尔进一步阐述从神话到宗教的分化过程：

> 神话形象最初绝不是作为一个形象或一种精神表达而出现的。相反，它深深根植于人类对客观世界、客观现实和客观过程的直观中，这似乎是其中不可分割的一部分。在这里，在真实和理想之间，在"存在"的领域和"意义"的领域之间，本来也没有划分，但是在两个领域之间，无论是在人的思想和信仰中，还是在他的行动中，都有一个相当连续的流动。……但是在神话世界观的逐渐发展中，分离开始了；正是这种分离构成了特定宗教意识的实际开端。我们越是追溯它的起源，宗教意识的内容就越难与神话意识的内容区分开来。这两者是如此地交织在一起，以至于它们在任何地方都无法截然分开和相互抵消。如果我们试图从宗教信仰中分离和去除基本的神话成分，我们就不再有真实的、客观的历史表现形式的宗教；剩下的只是它的影子，一个空洞的抽象概念。然而，尽管神话和宗教的内容密不可分，但它们的形式却不一样。宗教形式的特殊性表现在意识对神话形象世界的态度上。它离不开这个世界，它不能立即拒绝它；但是透过宗教态度的媒介，这个世界逐渐呈现出新的意义。通过宗教打开的新的理想、新的精神维度，不仅赋予神话新的意义，而且将"意义"与"存在"的对立引入神话领域。[1]

---

[1] Ernst Cassirer, *The Philosophy of Symbolic Form*, (Vol.2), *Mythical Thought*, Yale University Press, 1955, p.238-239.

所以在神话世界观逐渐发展的过程中,开始了新的分化,正是这种分化,促成了具有独特性的宗教意识的产生。

与神话和宗教一样,巫术也是人类意识发展的一个重要步骤。巫术可以被说成是原始人必须通过的第一个学校,它教会了人相信他自己的力量——把他自己看成是这样一个存在物:他不必只是服从于自然的力量,而是能够凭着精神的能力去调节和控制自然力。正因如此,卡西尔认为,"在宗教思想的这种进展中,我们看到了人类心智的一种新力量和新的能动性的觉醒。"[①]

尽管巫术和宗教的关系在历史上纠缠不清,人们将宗教看成是最高的道德理想的符号表达,而把巫术看成是各种迷信的聚集。事实上,巫术表征着人自我意识的觉醒,"对巫术的信仰是人的觉醒中的自我信赖的最早最鲜明的表现之一。在这里他不再感到自己是听凭自然力量或超自然力量的摆布了。他开始发挥自己的作用,开始成为自然场景中的一个活动者。"[②]巫术的活动都依赖于人、自然、超人力量的关系,在巫术进行的过程中,涉及分配、合作、调节等多种活动,由此人的秩序感以及对事物的把握能力和认知能力在逐渐提升,从而提升了人对内在规则和规律的认识。巫术仪式也是人的创造性的一部分,它增进人对危险和冒险事物的把控能力。"在图腾制社会中,不同的氏族具有不同的巫术仪式,这些仪式是他们的特权和秘密。一个特殊的工作越是困难越是危险,这些

---

① [德]卡西尔:《人论》,第144页。
② [德]卡西尔:《人论》,第144—145页。

仪式也就变得越发必要。……在那些不需要任何特殊和异常的努力,不需要特别的勇气或忍耐力的任务中,我们就看不到任何巫术和任何神话。……只有在情感极度紧张的情况下他才诉诸巫术礼仪。但是恰恰正是对这些仪式的履行给他以一种新的他自己的力量感——他的意志力和他的活力。人靠着巫术所赢得的乃是他的一切努力的最高度凝聚,而在其他的普通场合这些努力是分散的或松弛的。正是巫术本身的技术要求这样紧张的凝聚。"[1]因此,巫术确定了人的力量,这种力量令原始人相信,人可以凭借自己的力量去调节和控制自然。

卡西尔还探讨了禁忌问题。人类的行为最初是以无数禁忌、被禁止的行为方式和规定的仪式为导向的。卡西尔探讨了"禁忌"在原始社会所起到的规范的作用以及它在神话和宗教中的价值。而禁忌的内在发生正是情感性,即对超自然现象的"恐惧"。禁忌是一种绝对命令,其本质是"不依靠经验就先天地把某些事情说成是危险的"。[2]而这种危险并非道德的危险,而是被形容为超自然的危险。"禁忌的影响是完全与人无关的,并且是以一种纯被动的方式传播的。一般说来,一个禁忌物的意思是指某种碰不得的东西,是指一个不可轻率接近的东西,至于接近它的意图或方式则是不考虑的。一个禁忌物不仅可以靠触摸而传播,而且可以靠听或看而传播。其结果就是:不管我是故意地观看了一个禁忌之物还是偶然无意地瞥了它一眼都是一回事。被一个属于禁忌的人看见,被

---

[1] [德]卡西尔:《人论》,第145页。
[2] [德]卡西尔:《人论》,第164页。

一个祭司或王看见,正如看见他一样都是危险的。"①

宗教禁忌和巫术禁忌的区别在于,巫术的禁忌是外在和强加的,这种禁忌体系强加给人无数的责任和义务,但是它们是消极的。人们遵守的是禁令而不是道德或宗教的要求,而这种禁令是和恐惧相关联的。"支配着禁忌体系的正是恐惧,而恐惧唯一知道的只是如何去禁止,而不是如何去指导。它警告要提防危险,但它不可能在人身上激起新的积极的即道德的能量。禁忌体系越是发展,也就越有把人的生活凝结为完全的消极状态的危险。"②但是我们必须看到的是,正是有了禁忌,人类社会才发展了约束和义务,而这种约束和义务逐渐在后世发展为契约,这是整个社会秩序的基础。整个人类社会的早期是靠着禁忌来维持秩序的,否则将处于无政府状态。然而,和巫术的禁忌力量相反,宗教则发展了另一种力量,它是肯定的,积极的冲动,是激励和追求,它将被动的服从转化为积极的宗教情感。由于宗教的这种积极的力量,解除了禁忌体系的压力和恐惧,从而体现出人类的自由和理想。

---

① [德]卡西尔:《人论》,第 168 页。
② [德]卡西尔:《人论》,第 170 页。

第四章　作为符号形式的语言

语言和艺术一样,都是我们非常熟悉的产物,它们是人类活动的两个汇聚点。而语言似乎比艺术更早地伴随我们存在,"自我们生命诞生之日,自我们意识之光乍一闪亮时,语言就与我们形影不离。它伴随着我们智慧前行的每一步履。"①语言作为一种媒介,与我们的生存直接相关,它"宛如一种精神的气氛,弥漫于人的思维与情感、知觉与概念之中"。②语言在人类存在中如此重要,它的创造和使用甚至同上帝创造世界密不可分,"远在基督纪元数千年之前,人们便有这样一种观念:上帝是一种精神的'存在',他先思想世界而后创造世界,而语词则是他用来表达思想的手段和创造世界的工具。"③

《语言》是卡西尔《符号形式的哲学》的第一卷,可以看出卡西尔对语言问题的重视,并希冀将其作为符号文化形式阐释的出发点。这与他生活的时代以及哲学和科学所面临的问

---

① [德]卡西尔:《符号·神话·文化》,李小兵译,东方出版社1988年版,第89页。
② [德]卡西尔:《符号·神话·文化》,李小兵译,东方出版社1988年版,第89页。
③ [德]卡西尔:《语言与神话》,于晓等译,三联书店1988年版,第71页。

题密切相关。传统上,哲学首先关心的是寻求统一,20世纪20年代初维也纳学派甚至提出了"科学统一运动",努力将所有的科学,包括人文科学和自然科学,统一在物理学之下。然而卡西尔批判了这种世界观的片面性,并接受了洪堡语言哲学对语言做出的区分,即将语言区分为"作为固定结构的语言"和"作为过程的语言"。洪堡将前者定义为"功"(Ergon),后者定义为"能"(Energia)。就像索绪尔将语言的层面分为"语言"(langue)和"言语"(parole),或者乔姆斯基区分"合作"(copetence)和"表演"(performance)一样,卡西尔将符号形式定义为"能"(energies),通过它,具体的感官符号与意义的内容相关联。不同的符号形式达到不同的目的,起到不同的作用。这也是他在1923年《符号形式的哲学》第一卷的总体介绍中遵循的方向。①

---

① 事实上,在写作《语言》的过程中,卡西尔的思想在发生着变化,在1920年参观了汉堡的瓦尔堡研究院的独特的图书陈列(瓦尔堡研究院的图书摆放被称为"好邻居原则",瓦尔堡图书馆给了他反对实质统一的概念的证据)之后,卡西尔主张一种相对系统的空间概念而反对实质统一的概念。当他在1925出版《符号形式的哲学》第二卷《神话思维》时,他认为,语言、社会和国家的基本形式最初都与神话概念联系在一起。神话作为最原初的符号形式,理应成为一切文化符号的基础。所以他主张符号形式的重建必须从神话开始,从而作为洪堡语言概念的延伸。但是可惜的是第一卷《语言》已经出版,无法将更具原初意义的神话作为第一卷,因此在写作《人论》时,卡西尔将神话的探讨居于语言之前,成为符号形式的出发点。参见 John Michael Krois, *The Priority of "Symbolism" over Language in Cassirer's Philosophy*, Synthese (2011) 179:10-16.或《符号形式的哲学》第四卷,"导言"。

一、语言研究的方法和路径

在《人论》的"语言"部分,卡西尔首先分析了早期语言起源的三种研究路径,即神话学的、形而上学的和实践的。在批判性地肯定这些研究方法的价值的基础上,卡西尔承接洪堡的总体性原则提出了语言的结构性研究方法。

首先,语言的神话学研究路径。卡西尔指出,语言的起源问题"对人类心灵有着不可思议的诱惑力"。[①] 语言和神话有着密切的亲缘关系,它们犹如孪生兄弟,是人类独有的两种特性,只要有人存在,他就既具有语言的能力,并受到神话创造功能的影响。"所有的言语结构同时也作为赋有神话力量的神话实体而出现;词语(逻各斯)实际上成为一种首要的力。全部'存在'(being)与作为(doing)皆源出于此。"[②]此外,"神话与语言二者都是基于人类的一种很早很普遍的经验,一种关于社会性的自然而非物理性的自然的经验。"[③]它不同于婴儿用来表现不安、恐惧或饥饿所发出的本能的叫喊,这种方式更具自觉性和有意识,甚至已经具有了社会经验的性质。原始人将这种早期的社会经验转移到自然中,在原始人看来,自然和社会是一体的,自然界不过是一个大社会。从这里我们可以深入理解原始人的巫术信仰如何植根于生命一体化的信

---

① [德]卡西尔:《人论》,第186页。
② [德]卡西尔:《语言与神话》,于晓等译,三联书店1988年版,第70页。
③ [德]卡西尔:《人论》,第174页。

念之中,并有助于我们理解语言和神话巫术之间的关系:"在原始人心中,在无数情况下所体验到的语词的社会力量,成了一种自然的甚至超自然的力量。……这个世界并不是无声无息的死寂的世界,而是能够倾听和理解的世界。……没有什么东西能抗拒巫术的语词,诗语歌声能够推动月亮。"①当原始人面对周遭危机四伏的世界时,他们不能仅靠物理手段来驱散危险,同时要依靠超自然的力量摆脱恐惧,其中语言在巫术中起到了不可或缺的作用。

其次,语言的形而上学价值。当原始人意识到词语的巫术功能是虚妄的时候,"他不得不面临一个标志着人的理智生活和道德生活之转折点和危机的新问题。"②这个问题就是如何以新的眼光来看待语言与实在之间的关系:"从物理上讲,语词可以被说成是软弱无力的;但是从逻辑上讲,它被提到了更高的甚至最高的地位:逻各斯成为宇宙的原则,并且也成了人类知识的首要原则。"③逻各斯一词被很多学者视为西方哲学思想的根基与生成力量,在《英希大辞典》中,逻各斯被解释为多种意义:(1)计算、尺度;(2)对应关系、比例;(3)说明、解释、论证、公式;(4)灵魂内在的思考如思想、理性;(5)陈述、演说;(6)口头的表述、言语;(7)特殊的说法如神谕、格言、命令;(8)所想的、说的东西,如对象、主题;(9)表述的方

---

① [德]卡西尔:《人论》,第175页。
② [德]卡西尔:《人论》,第175—176页。
③ [德]卡西尔:《人论》,第175页。

式,如理智的、文学艺术的表述;(10)神的智慧或言词。[①]由于逻各斯的含义之一是"言语",所以语言也只有分有逻各斯的光芒才是有意义的语言。语言的逻各斯功能在古希腊哲学家那里得到了重视,古希腊的赫拉克利特是西方哲学史上第一个正式且大量使用该词汇的哲学家。尽管他否认巴门尼德的存在,主张"万物流变",但是他并不满足于变化的单纯事实,而是要寻找产生万物的隐秘秩序和变化的原则,这种宇宙秩序和法则被看作是动力、智慧和逻各斯。他认为,要理解宇宙的意义,就必须理解言语的意义,通向哲学的道路是以语言为中介而不是以物理显现为中介。赫拉克利特已经不把语词看成是一种巫术的力量,而是具有语义功能和符号功能的存在。

第三,语言的人类学价值。赫拉克利特的"神圣的语词——逻各斯"原则遭到了智者学派的挑战。后者的理论表明了对待外在世界的思维模式的转变,"人如今在自身发现了一种不同于所有物质性事物的力量,安排和统治着物质世界;精神对他来说成为某种比自然更高的东西。"[②]所以,"在语言理论中,不是形而上学,而是人类学起了主要的作用。人成了宇宙的中心"[③]和"万物的尺度"。智者学派对语法的研究并非只停留在理论层面上,更是与人类实践结合在一起,语言成为工具,

---

① 转引自朱立元主编:《西方美学范畴史》(第一卷),山西教育出版社2006年版,第497页。
② [德]爱德华·策勒:《古希腊哲学史》(第五卷),余友辉、何博超译,人民出版社2020年版,第697页。
③ [德]卡西尔:《人论》,第180页。

为具体的实践目的服务,并在政治斗争中扮演着重要的角色。语言的任务是"教会我们在实际的社会政治生活中如何说和如何做"。①对语词的客观性和真理性的研究已经被智者学派所抛弃,人们更注重语言的功用价值:"名称并非旨在表达事物的本性,它们并没有客观的对应物。它们的真正任务不是要描述事物,而是要激发人类的情感;它们并非只是传递观念或思想,而是要促进人们去行动。"②

在总结了语言的三种价值后,卡西尔对它们做了批判,认为这些理论并没有解释出从单纯的情感性质的音节(感叹词)到具有意义的言语过渡是如何可能的。也就是说,尽管从神话学、形而上学和人类学中可以了解语言的价值,但是语言的根本问题并未在此。他说:"所有这些解释看来都是不切题意的,因为它们全都没有注意到语言的一个最显著的特征:人类最基本的发音并不与物理事物相关,但也不是纯粹任意的记号。无论是自然的存在,还是人为的存在都不适用于形容它们。"③为此,他深入到达尔文的生物进化论、奥托·叶斯柏森(Otto Jespersen)和德·拉古那(Grace de Laguna)的语言学中进行考察,试图探求从个人情感化和情绪化的声调(情感语言)到普遍化、客观化的言语(命题语言)的发展是如何完成的。但令人失望的是,卡西尔并未得到满意的答案。卡西尔认为,"需要解释的并不是人类言语的单纯的事实而是它的结

---

① [德]卡西尔:《人论》,第180页。
② [德]卡西尔:《人论》,第180—181页。
③ [德]卡西尔:《人论》,第181页。

构。对这种结构的分析才能揭示情感语言和命题语言之间的根本区别。"①在考察叶斯柏森的语言学时,卡西尔发现他理论中的"隐喻转移"观点的价值。这一观点认为,当人将仅仅表达情感的喊叫的发音用作名称使用时,就可以将之前的无意义的声音混合体变成思想的工具。叶斯柏森指出,语言是在"传达的要求大于感叹的要求时"产生的。② 卡西尔肯定了这一观点的价值:"'隐喻转移'一语概括地包含了我们的全部问题。"③但是他也遗憾地指出:"他的理论并未对这关键的一点加以说明,反而将它作为预先假定的前提。"④那么卡西尔如何对语言问题进行阐释呢?

二、指示、模仿和符号:语言感觉 表达阶段的三个层次

对于语言中从语音到意义的过渡过程,《人论》中并没有具体的表述。但这在《符号形式的哲学》第一卷《语言》中有着较为详尽的阐释。卡西尔将语言的发展分为三个阶段,即(1) 感觉表达(Sensuous Expression)阶段,(2) 直观表达(Intuitive Expression)阶段,和(3) 概念思维的表达(Expression of Conception Thought)阶段。我们这里主要对感觉表达的

---

① [德]卡西尔:《人论》,第 183 页。
② [德]卡西尔:《人论》,第 185 页。
③ [德]卡西尔:《人论》,第 184 页。
④ [德]卡西尔:《人论》,第 185 页。

发展加以阐释,因为这里揭示了从感性语音到符号形式(意义)的发展何以可能的过程图式。卡西尔将这一阶段分为三个层次,即模拟、类比和符号形式。卡西尔说:"语言在成熟至特定形式并实现其内在自由状态的过程中,经历了三个阶段,我们称之为模拟阶段、类比阶段和真正的符号阶段,目前,我们只是建立一个抽象的图式,但当我们看到这个图式代表了语言发展的功能规律时,它将呈现出具体的内容,在其他领域,如艺术和认知领域,它也有其独特的、具有特色的对应物。"①

首先,在模拟层次,卡西尔从心理学入手,对运动行为和运动感觉进行探讨,以期找到运动和语言模仿②之间的关系。他认为,"现代心理学把运动和运动的感觉看作意识本身结构中的一个要素和基本成分,就是承认这里的动态不是基于静态而是动态基于静态——所有的心理'实在'都存在于过程和变化中,而状态的固定只是抽象和分析的一个后续工作。"③实际上,每一个基本的表达运动都是精神发展的第一步,因为它虽然仍旧处于感觉生活的直接性中,但同时又超越了这一点。在手语心理学的理论中,手势通常分为两种,即指示性(indicative)手势和模仿性(imitate)手势。指示性手势来源于抓握的运动,而后抓握运动减弱为指示性的姿势,从而使人开始有

---

① Ernst Cassirer, *The Philosophy of Symbolic Forms*, (Vol.1), *Language*, Yale University Press, 1955, p.190.
② 模仿,又作摹仿。两种用法都常见。本书仅作局部统一。引文则尊重原作者的用法。
③ Ernst Cassirer, *The Philosophy of Symbolic Forms*, (Vol.1), *Language*, Yale University Press, 1955, p.179.

了空间距离意识。人类从对事物的物理的抓,到概念性的抓的转化,实现了从感官的指称到逻辑的论证的过程。这一过程涉及一个具有普遍精神意义的因素,因此,"这个看似如此简单的迈向手势独立的一步,构成了从动物到特定人类发展的最重要的阶段之一。"[1]而从普遍意义来讲,模仿即是准确的复制,它越是准确地复制外在印象,排除自身的所有自发性,模仿的目的就越能够充分地实现。由于精神活动的自由性,人类的模仿活动不仅仅意味着对外在给予的事物的重复,还是一种精神的自由投射和创造:模仿本身成了一种表述,在这种表述中,物体不再仅仅是被接受,而是由意识根据它们的构成特征建构起来,从而体现了人类精神的自由创造。如语言的表意和表音是如何联系在一起的? 语言学者发现,人类社会的某些拟声词的表达在全球有着惊人的一致性,它们表达着同样的意义。这是人类在千百年中,同样的观念一直和同样的声音联系在一起所形成的,人们感觉到两者之间有着某种联系,即人们有一种通过这些特定的声音来表达这种观念的本能。如果没有这种假设,很难解释语言的存在。像莱布尼茨和洪堡都注意到这种"语法声音中的符号特征"(symbolic character in grammatical sounds)。洪堡发现,"语音组中 st 的规律是表示持久和稳定的感觉,声音 l 表示融化和流动的感觉,声音 v 表示不均匀的、摇摆的动作感。……雅各布·格林(Jocob Grimm)还试图表明,在印度—日耳曼语言中用来构成

---

[1] Ernst Cassirer, *The Philosophy of Symbolic Forms*, (Vol.1), *Language*, Yale University Press, 1955, p.181.

问答词的声音与问答的精神含义密切相关。"①所以,尽管这些现象最后似乎保留了直接感官表达的色彩,但它们还是打破了单纯重复和模仿限制,从而进入了第二个层次,即类比。

类比阶段主要表达语音的连续关系。随着人类思维的发展,表达已经不限于单纯的拟声词,而要表达更多、更丰富的内容。由于单一的感官对象或感官印象不再通过模仿而达到,单纯的声音材料本身在一般意义也不能反映纯粹关系的确定性,要想表达这种关系状态,只有借助语音的连续与其代表的内容之间的某种契合性才能达到。类比使得完全不同的系列的协调成为可能,如苏丹语中有着多样的意义和高、中、低音调之间的关系的表达。根据音调,同一个音节可以表述完全不同的事物或动作,甚至可以区别空间和数量。如高音词表示长距离和快速,而低音词表示接近和缓慢等。所以卡西尔指出,语言发展了空间、时间和数字的三个基本直观,为所有以知识的方式掌握现象,并将这些现象综合成为统一的"世界概念"(world concept)创造了不可缺少的条件。② 那么,语言如何在空间中客观化呢?这在《符号形式的哲学》第三卷中有较为清晰的陈述:

> 与神话的这种基本态度相比,语言似乎从一开始就

---

① Ernst Cassirer, *The Philosophy of Symbolic Forms*, (Vol.1), *Language*, Yale University Press, 1955, p.192.
② Ernst Cassirer, *The Philosophy of Symbolic Forms*, (Vol.1), *Language*, Yale University Press, 1955, p.226.

走上了一条新的、基本不同的道路。因为我们在语言中发现的第一个空间术语的特征是它们包含了一个明确的"指示"功能("deictic" function)。我们已经看到,所有语言的基本形式都可以追溯到显示的形式,语言只能在意识发展这种形式的地方产生和繁荣。在这一发展过程中,指示性的手势已经是一个里程碑——在通向客观直观和客观形成的道路上的一个关键阶段。但是,只有当语言采用这种倾向并引导它进入自己的通道时,这种手势所蕴含的东西才会清晰而完整地展现出来。语言以指示语气词为近处和远处以及某些基本方向差异创造了第一种表达方式。这些,最初也是完全从说话主体和他的特殊立场来看的——从说话者到被称呼者的方向差异,以及从被称呼者到说话者的方向差异,似乎构成了语言中最早被注意和固定的区别之一。但有了这种区别,有了"我"与"你"以及与它所面对的客观存在的这种区别,人类已经突破了他的世界观的一个新阶段。在"我"和"世界"之间,现在形成了一条纽带,在将它们紧密联系在一起的同时,也将它们分开。[1]

因此,通过构成的语音单位,单词或单词—句子获得了它真正意义的统一,它们结合成一个精神整体,成为一个"有意

---

[1] Ernst Cassirer, *The Philosophy of Symbolic Forms*, (Vol. 3), *The Phenomenology of Knowledge*. Translated by Ralph Manheim. Yale University Press, 1957, p.151.

义"的单位。以上表明,即使是在语言开始阶段,模仿或类比也会突破界限进入一个纯粹关系表达的范围,具有了普遍性的语法范畴的性质。

那么语言如何进入符号层次呢?卡西尔认为,尽管语言从纯粹的模仿或"类比"表达开始,但是它不会停留在上述两个阶段,语言中不可避免的模糊性使得记号(sign)不仅仅是一个单一的记号,而还要不断突破或扩展自己的领域并超过极限。"它(语言)迫使精神从具体的'指称'(designation)的功能向普遍有效的'意义'(significant)功能迈出决定性的一步。在这种功能中,语言摆脱了迄今为止所显露的感觉的遮蔽:模仿或类比的表达让位于纯粹的符号表达。依赖于模仿和类比的不同符号表达,语言成为新的、更深刻的精神内容的载体。"[1]语言发展的三个阶段揭示了语言从个体到普遍、从具体到抽象、从单纯拟音到具有精神意义的发展过程。因此,人类言语的任务并非复制或摹仿事物的既定秩序,而是有创造和构造的功能。"我们不能把语言看作事物的摹本,而应看作我们对事物作概念把握的条件。……我们已证明,语言绝非一种实体性事物,绝非一种高级或低级层次之实在,而是我们表述经验对象,表述对那种我们称作'外部世界'的东西做概念把握的前提条件。"[2]所以,卡西尔指出:"具有至上重要性的

---

[1] Ernst Cassirer, *The Philosophy of Symbolic Forms*, (Vol.1), *Language*, Yale University Press, 1955, p.197.
[2] [德]卡西尔:《符号·神话·文化》,李小兵译,东方出版社1988年版,第92—93页。

不是语言的'功'(work),而是语言的'能'(energy)"。[1]

三、在语言共同体中把握语言

对人类语言起源问题的研究应该从发生学的史学角度,还是从认识论的系统性角度进行,这是卡西尔力求弄清楚的问题。前者的方法是"占有关于语言的充分历史证据,以便能解答世界上所有的语言究竟是源出于一个共同的词干还是源出于各种不同的和独立的根源,从而一步一步地追溯各种方言和语言类型的发展"。[2]但这种方法被证明不足以解决语言哲学的基本问题。而后一种方法则不满足于事物的单纯变动不止的状态和事件的编年史方式,力求找到语言变化的规律和法则。事实上,对语言的研究,既不能抽象地无所依凭地得出结论,也不能不顾及各民族不同的纷繁复杂的语言的真实区别。正如康德所说,"思维无内容是空的,直观无概念是盲的"[3],语言的起源和结构的探讨要考虑到历史和逻辑的统一。

卡西尔梳理了19世纪以来语言研究者所做出的成就:雅各布·格林创立的日耳曼语系的比较语法学、葆朴(Bopp)和鲍特(Pott)等开创的印欧语系的比较语法学,以及赫尔曼·保罗(Hermann Paul)为语言的系统性研究所做的贡献。而卡

---

[1] [德]卡西尔:《人论》,第207页。
[2] [德]卡西尔:《人论》,第187页。
[3] [德]康德:《纯粹理性批判》,邓晓芒译,杨祖陶校,人民出版社2004年版,第52页。

西尔所赞赏的系统方法论的原则在威廉·冯·洪堡(Wilhelm von Humboldt)——一位伟大的语言学家和哲学思想家的著作中得到了初步的呈现。洪堡从整体和系统上研究语言,力图实现一种"总体语言研究"的目标。在1803年10月写给友人布灵克曼(K.G.von Brinkmann)的信中说,"所有语言之间那种神秘奥妙的内在联系,深深地吸引着我,特别是通过一种新的语言深入至一个新的思想——感觉系统,给我带来了极大的乐趣。"[1]在卡西尔看来,"洪堡是一个彻底系统的思想家,但他反对任何纯粹的外部系统化技术。他的概念从来都不是逻辑分析的、纯粹的、超然的产物,它们体现了一种美感和艺术情调,这使他的作品充满了活力,但同时也掩盖了他思想的表达和结构。"[2]洪堡认为,语言是中介,它使无限和有限、此个体和彼个体的联合成为可能,语言也从这种联合中产生。洪堡最早将各种语言进行分类并把它们归纳为某种基本的类型。他反对把语言仅仅看成是"语词"的集合,因为这样就会将语言割裂得支离破碎,也无法洞察人类语言的特性和功能。同时他也反对在语言研究中将言语和意义分离的做法,他认为,语言是各民族文化的产物,它不是孤立产生的,而是约定俗成的。在洪堡看来,理解语言,就是对文化和世界观的理解,因为语言介于人与世界之间,人必须通过自己生成的语言

---

[1] [德]洪堡特(即洪堡):《论人类语言结构的差异及其对人类精神发展的影响》,姚小平译,商务印书馆1997年版,第38页,译者序。

[2] Ernst Cassirer, *The Philosophy of Symbolic Forms*, (Vol.1), *Language*, Yale University Press, 1955, p.156.

并使用语言去认识和把握世界。"对人类精神力量的发展,语言是必不可缺的;对于世界观的形成,语言也是必不可缺的,因为,个人只有使自己的思维与他人的、集体的思维建立起清晰明确的联系,才能形成对世界的看法。"①语言是将人的经验加以组织和传达的工具,因此它会逐渐形成一种独特的世界观。所以洪堡认为,"各种语言之间的真正差异并不是语音或记号的差异,而是'世界观'(Weltansichten)的差异。"②从这个意义来说,一个民族也是人类的一种文化形式,"在最个人化表达的外衣下,蕴藏着普遍理解的可能性,作为个体,无论他生活在何处,无论什么时候,都是从整个种族中分离出来的一块碎片,语言展示并维系着这种支配个人命运和世界历史的永恒纽带。"③

卡西尔指出,洪堡著作中"占显著地位的是语言的结构问题"④。尽管洪堡对之前的语言学者们在搜集材料和编纂语言史方面怀有深切的敬意,但他并不满足他们的工作。他认为这些学者从搜集材料开始,到堆砌材料终止,缺乏系统完整的处理,更无哲学高度的剖析。洪堡追随着康德的批判方法,对语言结构而非起源问题进行思辨分析,并直接从材料中提炼出普遍性的结论,指出,"语言必须被看成是一种能(energeia),而

---

① [德]洪堡特:《论人类语言结构的差异及其对人类精神发展的影响》,姚小平译,商务印书馆1999年版,第25页。
② [德]卡西尔:《人论》,第190页。
③ Ernst Cassirer, *The Philosophy of Symbolic Forms*, (Vol.1), *Language*, Yale University Press, 1955, p.157.
④ [德]卡西尔:《人论》,第191页。

不是一种功(ergon)。它并不是现成的东西,而是一个连续的过程。它是人类心灵运用清晰的发音表达思想的不断反复的劳作。"[1]洪堡的理论被卡西尔誉为"标志着语言哲学史上的一个新纪元"[2]。语言学的结构研究倾向恰好伴随着其他学科同样的变化——实证主义被结构主义新原则所取代,物理学中的古典力学被"场物理学"所超越,生物学抛弃了达尔文的进化论而代之以回到亚里士多德的新整体理论,心理学中的元素心理学被结构主义格式塔心理学所取代;而在语言学中,结构主义语言学家索绪尔(Ferdinand de Saussure)否认了"历史语法"的观点而提出"共时性"(synchronical)和"历时性"(diachronical)的概念。"'共时性'语言学研究不变的结构联系;'历时性'语言学则研究在时间中变化和发展的现象。语言基本的结构同一性应当以两种方式来研究和考察。这种同一性既是质料的同一性又是形式的同一性;不仅体现在语法系统中,而且也体现在语音系统中。语言的特性就依赖于这两种因素。"[3]换言之,应将语言作为一个完整的形式、统一的领域,或一个系统进行研究。正如詹姆森所评价的:"索绪尔的创新之处在于坚持这样一个事实:作为一个完整系统的语言在任何时刻都是完整的,不管刚才在这系统中发生了什么变化。"[4]

---

① [德]卡西尔:《人论》,第191页。
② [德]卡西尔:《人论》,第191页。
③ [德]卡西尔:《人论》,第193—194页。
④ 詹姆森:《语言的囚所》,第5—6页。转引自[英]特伦斯·霍克斯:《结构主义与符号学》,瞿铁鹏译,上海译文出版社1997年版,第11页。

从这一意义出发，卡西尔对语言中将质料和形式截然区分的方式持批判态度，他说："形式和质料之间的区分乃是人为的、不恰当的。言语是一个不可分解的统一体。"①语言大约是一切社会现象中最富有独立性和坚韧性的部分，它具有独特的形式。语言的研究要遵循整体性、系统性、结构性原则，这种研究并非将所有的语言都削足适履地强行纳入一个词类系统中，也不是将语言建立在理性原则上的普遍语法概念上，因为人类言语所完成的不仅是普遍的逻辑任务，语言是与社会活动息息相关的，它同样需要履行日常生活的社会任务，而这种任务依赖于语言共同体的特殊社会条件。

那么如何理解这个"语言共同体"呢？笔者认为这里应该包含两个方面的内容。首先，这与卡西尔所要求的文化符号形式的客观性相关。对这一问题的探讨贯穿于各个文化形式之中。卡西尔认为，"客观价值和客观意义是所有文化形式中在先存在的前提。"②我们如何说明和维护这些文化的客观性呢？逻辑思维的方式肯定不行，因为文化不仅是思辨和理论的东西，它还需要行动。卡西尔借用赫拉克利特的陈述来说明这一问题："当人们具有一个共同世界时，他们便是清醒的；而当每个人把他的思想与共同世界分离开来以便生活于他自己的世界时，他就是沉睡的。"③即文化的客观性和普遍性是在

---

① ［德］卡西尔:《人论》,第 197 页。
② ［德］卡西尔:《符号·神话·文化》,李小兵译,东方出版社 1988 年版,第 24 页。
③ ［德］卡西尔:《符号·神话·文化》,李小兵译,东方出版社 1988 年版,第 24 页。

人的共同世界中获得的,有赖于人性世界的感性和文化共在。让我们回忆一下康德在《判断力批判》中如何探讨美的普遍性问题。他认为,"美是不依赖概念而被设想为一个普遍愉快的对象的东西。"[1]这种普遍性和客观性要求在人的共有世界中获得,即"这事物是美的,说出这一判断时,他似乎并不是因为曾多次发现在关于愉快的判断中别人与他的意见一致就依赖这种一致性,而是向别人要求这种一致性"。[2] 在康德看来,美不依赖概念却具有普遍性,正缘于人性的共通感。文化的客观性也是如此,它是动态的功能性的关系,而不是形而上的实体。"正是词语,正是语言,才真正向人揭示出较之任何自然客体的世界更接近于他的这个(精神)世界;正是语词,正是语言,才真正比物理本性更直接地触动了他的幸福与悲哀。因为,正是语言使得人在社团中的存在成为可能;而只有在社会中,在与'你'的关系之中,人的主体性才能称自己为'我'。"[3]因此,"所有的文化形式的根本目的即在于着手去建立一个思维和情感的共同世界,即一个充满清醒理智的而不是个人梦幻和妄想的人性世界。在建构这一文化宇宙的时候,任何文化形式都不可能遵循某种预先决定好的形式,即那种在更根本上可以以一种先验的思维方式描述的形式。我们所作所为

---

[1] [德]康德:《判断力批判》,见《康德美学文集》,曹俊峰译,北京师范大学出版社2003年版,第455页。
[2] [德]康德:《判断力批判》,见《康德美学文集》,曹俊峰译,北京师范大学出版社2003年版,第455页。
[3] [德]卡西尔:《语言与神话》,于晓等译,三联书店1988年版,第82页。

只能遵循在各种形式的历史中表现出来的渐进发展,并标下这条发展道路的各个里程碑。"①

另一方面,语言的共同体的形成基于人追求统一的愿望和梦想,但这不能回避语言的多样性。在语言研究的过程中,会遭遇独特方言的多样性和语言类型的异质性的问题,而这一问题似乎对形成一个具有统一形态的共同体是不利的。因为"没有言语就没有人们的共同体"。② 但是对于一个共同体来说,没有比言语的多样性更重大的障碍了。对这一问题的解决我们不能求诸科学的原则,因为科学希冀将所有的异质性和多样性还原到简单明确的原理和逻辑之中,这对问题的解决毫无裨益。语言是人类文化的重要组成部分,语言的多样性来自文化的多样性,这是我们必须面对、承认和接受的问题。所以,如何在多样性和统一性中保持辩证的平衡是语言,也是其他文化形式要面对和解决的问题。神话和宗教的解决方法是拒绝把多样性看成是必然的不可避免的事实,"它们宁可把它归之于人的错误和罪过,也不把它归之于人的本性和万物的本性。"③从《圣经》的巴别塔的故事,到17世纪哲学中希图建立一种统一的和表达人类本质的"亚当的语言"的梦想,都强烈地表达了人的追求统一的愿望。卡西尔对语言的统一性的观点是:"语言的真正统一性(如果有这种统一性的

---

① [德]卡西尔:《符号·神话·文化》,李小兵译,东方出版社1988年版,第25页。
② [德]卡西尔:《人论》,第205页。
③ [德]卡西尔:《人论》,第205页。

话),不可能是一种实体的统一性,而必须更确切地被定义为一种功能的统一性。这样的统一性并不以任何质料的或形式的同一性为前提。两种不同的语言,无论在它们的语音系统,还是在它们的词类系统方面可能都代表着两种相反的极端,这并不妨碍它们在语言共同体的生活中履行同样的职务。"①在探讨人类语言的多样性过程中,卡西尔发现,"语言的共同体"可以理解为基于人性基础上,通过语言所构成的功能统一性和语言客观化的共同世界,它有赖于人性世界的感性和文化共在。

四、如何通过语言符号认知和把握世界

从研究方法上,卡西尔的文化哲学基于康德的先验原则并将其进行了创造性的改造和应用。康德的先验理论并不对对象本身的本质和本性做任何断言,不会询问物质本身是什么,而是去考察它们得以形成的前提和原则,从而对不同的认识方式做批判性的考察,正基于此,各种不同类型的对象才能与我们沟通。也由于此,我们对事物的研究角度发生了变化,对待"客观性"概念的态度也会发生变化。卡西尔说:"我们对客观性产生了与先前诸唯心主义体系截然不同的概念和定义。我们所追寻的客观遂不再是物理或超物理实体的客观性,不再是经验或超验事物的客观性。理当成为新的唯心主义之真正课题的不再是事物本身,而是事物之可能的确定性,

---

① [德]卡西尔:《人论》,第206页。

即由不同认识方式对事物的确定。"①当我们从关系、功能、活动、运用的方式而不是从纯粹实体性的方式描述和界定事物时,我们就会理解各种文化形式(包括语言)的客观性问题。如果我们将语言不单纯地理解为由声音、词汇、词语、句子构成的语言,那么人类的许多文化现象都可以理解为语言,它们是"由艺术、宗教、科学符号建构起来的更为广博的语言"。②而且"这类语言的每一种都有其相应的用法和相应的规则,每一种都具有其自身的语法"。③

卡西尔认为,语言的功能是间接性的,它无法以其自身的手段产生科学知识,甚至无法触及科学知识,但是语言却是通往科学知识道路的必经阶段。卡西尔引用德国哲学家洪堡的观点:"语言乃是一种功能,而不是一种主观状态。它不是一单纯的结果,而是一持续不断的自我更新过程;而人对'世界'之轮廓的界说的清晰和确定程度,恰好与这一过程的发展成正比。"④因此卡西尔认为,我们说"学习"一种语言,并非单纯被动地对语言进行接受和复写,而是一种更高层次的创造和自我更新的过程。"这一过程中,自我不仅得以洞悉恒久的秩

---

① [德]卡西尔:《符号·神话·文化》,李小兵译,东方出版社1988年版,第21—22页。
② [德]卡西尔:《符号·神话·文化》,李小兵译,东方出版社1988年版,第26页。
③ [德]卡西尔:《符号·神话·文化》,李小兵译,东方出版社1988年版,第26页。
④ [德]卡西尔:《人文科学的逻辑》,沉晖等译,中国人民大学出版社1991年版,第48页。

序,而且还参与了对这一秩序的建构。"[1]可见,人类在创造和使用语言的过程中,其实是用一种符号来指称实在,在用语言去描述、判断的过程中,是对世界中事物关系的一种把握。事实上,语言是人所构建的一个与实在世界相对的符号的世界,尽管这个世界是非实在的,却是易于为人所思考和把握的。由于语言的秩序是一种思维的秩序,因此对语言符号之间的各种关系的澄清是对实在的澄清。卡西尔强调,"语言并不只是我们自身的外在化……语言乃是通向(或实现)自我的道路"[2]。而习得一种新的语言,也就是用"这一新的符号世界开始以新的方式整理、表述和组织经验和直觉的内容"。[3]

卡西尔说:"不要把语言看作是一种实体性事物,即具有其自身实在性、作为一种原初的或衍生的实在;而应把语言看作是人类思想的一种工具,我们借助它而建构起一个客观性的世界。假如语言意味着这一客观化过程,那么,它就植根于一种主动性,而不是植根于一种纯粹的被动性。在康德看来,我们知性的所有纯概念都隐含着一种独特的能量,一种根本的主动性。它们的用意并非是要描绘绝对的实在,即描绘物自身的实在;它们不过是连接诸现象的法则。而且,正如康德试图证明的那样:我们只有借助这种连接,借助这种对现象的

---

[1] [德]卡西尔:《人文科学的逻辑》,沉晖等译,中国人民大学出版社1991年版,第49页。
[2] [德]卡西尔:《人文科学的逻辑》,沉晖等译,中国人民大学出版社1991年版,第99页。
[3] [德]卡西尔:《人文科学的逻辑》,沉晖等译,中国人民大学出版社1991年版,第49—50页。

综合性统一,才能够体察到一个经验的世界,才能理解经验中的对象。"①文化的客观性也是如此,它是动态的功能性的关系,而不是形而上的实体。

总的来说,人类的语言分为情感语言和命题语言,即英国神经病学家杰克逊(Jackson)所说的"次级"言语和"高级"言语。前者所发泄的仅仅是主观的、情感的无意识的流露,人的很大部分话语还是属于这一层次,它的状态是突发的、偶然的。而在后者中,"我们的观念处于一种客观的联系中;我们能发现主语、谓语、以及它们二者之间的关系。"②对人类来说,这种命题语言具有特别的意义,通过它,人类不仅发现了一个客观的、具有恒常属性的世界,并且能够通过语言的关系把握世界。因此,"离却这条线索的引导,要把握这个世界似乎就无可能了。"③正是由于人掌握了命题语言,我们能够赋予对象以恒常的"本性",能够对周遭世界进行确定明晰的认知。命题性的语言是人所独有的,因为通过无数观察和实验,动物是否具有命题性语言还未找到经验证据。所以,"命题语言与情感语言之间的区别,就是人类世界与动物世界的真正分界线。"④事实上,动物的情感语言也十分丰富,它们可以轻而易

---

① [德]卡西尔:《符号·神话·文化》,李小兵译,东方出版社1988年版,第92页。
② [德]卡西尔:《符号·神话·文化》,李小兵译,东方出版社1988年版,第94页。
③ [德]卡西尔:《符号·神话·文化》,李小兵译,东方出版社1988年版,第94页。
④ [德]卡西尔:《人论》,第47页。

举地表达愤怒、恐惧、绝望和悲伤等情感,但"它们的这些表达根本不具有一个客观的指称或意义"。① 动物所生存的世界更加具有偶然性和不确定性,它们往往对事物无法形成稳定恒常的认识,"以某种方式对一特定刺激做出反应的动物,假如当同一种刺激在不寻常条件下再次出现时,通常表现出一种截然不同的甚至相反的反应。"②相反,正是通过语言,人类获得了稳固化,从而维系着理智的统一性和坚实性,继而达到对经验对象进行认知和把握。我们可以设想,如果孩子所习得的语言不具有统一性和恒常性,那么在面对纷繁复杂、变幻无常的世界时孩子就会无所适从,思维产生混乱,对世界的认知和把握将无从谈起。

因此卡西尔谈到了命题语言的焦点——"名称"。事实上,名称即"命名"。用海德格尔的话来说,命名(nennen)意指赋予某物以一个名称。但是命名并非如柏拉图的《克拉底鲁篇》中的"约定"关系,它是具有权威性的。从人的心理发展来讲,"命名"是心智发展和精神成长的重要标志。"正是命名过程改变了甚至连动物也都具有的感官印象世界,使其变成了一个心理的世界,一个观念和意义的世界。全部理论认知都是从一个语言在此之前就已赋予了形式的世界出发的。"③心理学家梅杰(D.R.Major)指出,"儿童从第二十三个月开始,就

---

① [德]卡西尔:《人论》,第47页。
② [德]卡西尔:《符号·神话·文化》,李小兵译,东方出版社1988年版,第95页。
③ [德]卡西尔:《语言与神话》,于晓等译,三联书店1988年版,第55页。

表现出一种尽力给事物命名的狂热,仿佛要告诉别人这些事物的名称,或要使我们注意他正在审视的事物。"①通过学习名称和为事物命名,儿童"学会了构成那些对象的概念,学会了与客观世界打交道"。②而海伦·凯勒(Helen Keller)和劳拉·布里奇曼(Laura Bridgman)的事例最典型地说明了语言的"名称"在建构人的感知和人与世界关系中所起到的重大作用。

海伦·凯勒和劳拉·布里奇曼都是盲、聋、哑儿童。作为视力、听力和言语能力都缺失的孩子,海伦有幸在七岁时得到家庭教师莎莉文小姐的教育,并通过十四年的努力考上了哈佛大学拉德克利夫女子学院,成为掌握五门外语的著名作家和教育家。在卡西尔看来,莎莉文小姐的教育方法"使孩子真正开始理解人类语言的意义和作用"③,这种教育方法的施行成为海伦一生的转折点。在莎莉文的日记中详细记录了语言的"名称"如何使一个乖张暴戾,犹如一匹无法驯服的野马般的海伦开启智力,从而打开自己封闭世界的过程:

> "今天早晨,当她正在梳洗时,她想要知道'水'的名称。但她想要知道什么东西的名称时,她就指着它并且拍拍我的手,我拼了'w-a-t-e-r'(水),直到早饭以后我才把它当回事。……我们走出去到了井房,我让海伦拿杯

---

① 梅杰:《心理发展的开端》(*First Steps in Mental Growth*),纽约,1906年,第321页以后。转引自《人论》,第208页。
② [德]卡西尔:《人论》,第209页。
③ [德]卡西尔:《人论》,第53页。

子接在水管喷口下,然后由我来压水。当凉水喷出来注满杯子时,我在海伦空着的那只手上拼写了'w-a-t-e-r'。这个词与凉水涌到她手上的感觉是如此紧密相联,看来使她大吃一惊。她失手跌落了杯子,站在那里呆若木鸡,脸上开始显出一种新的生气。……现在,每件东西都必须有一个名称了。不管我们走到哪里,她都热切地问着她在家里还没学到的东西的名称。……—当她有了语词来取代她原来使用的信号和哑语手势,她马上就丢弃了后者,而新语词的获得则给她以新生般的喜悦。我们都注意到,她的脸一天天变得越来越富于表情了。"[①]

从这段记载可以看出,"每一件东西都有一个名称"的意识在海伦的教育中起到了至关重要的作用,这使她摆脱了动物性的信号世界从而进入了人类的符号世界。"随着对言语的符号系统有了最初的理解,儿童生活中的一个真正的革命就发生了。从这一刻起,他的全部人格的和理智的生活都采取了全新的姿态。……儿童从一个较为主观的状态走向了一个客观的状态,从单纯的情感态度走向了理论的态度。"[②]劳拉·布里奇曼的事例也佐证了这一点,尽管在脑力和智力的发展方面她远不及海伦·凯勒,在生活和教育方面也没有后者的戏剧性成分,但是在习得和理解了人类言语的符号系统之后,二人出现了惊人的相似性表现。所以从信号和手势的运用到

---

① [德]卡西尔:《人论》,第55页。
② [德]卡西尔:《人论》,第208页。

语词亦即符号的运用是人类智力和能力发展的决定性的一步。

为什么"名称"的力量如此强大呢？就是因为，人类若想生存下去，就需要将经验世界秩序化和条理化，而"分类"则是走向秩序化和条理化的重要途径。卡西尔指出，分类也是语言的基本特性之一，因为"事物的界限必须首先借助于语言媒介才能得以设定，事物的轮廓必须首先借助于语言媒介才能得以规划；而人类活动之从内部组织起来，他关于存在的概念之获得相应的明了而确定的结构则是随着所有这一切的完成而完成的"。①命名活动本身即依赖于划界的分类过程，给一个对象或活动以一个名字，也就是把它纳入某一类的概念之下。这样才能达到对世界的系统化、普遍化而非单一化的认知，才能不局限于特殊的状况，而得到一个普遍适用的原理。"一个对象的名字并没有权利要求成为该对象的本质，它不打算成为'存在者'，并不打算给我们以一事物的本来面貌。一个名字的作用永远只限于强调一事物的一个特殊方面，而这个名字的价值恰恰就在于这种限定与限制。一个名字的功能并不在于详尽无遗地指称这个具体情景，而仅仅在于选择和详述某一方面。把这个方面分离出来并不是消极的活动而是积极的活动。因为在命名活动中，我们从多种多样的、零散的感觉材料中择取出了某些固定的知觉中心。"②所以，"名称"犹如一束光，将复杂多样的现象规束到一个中心，"它们在此融汇为一个理智的统一体，即当我们谈及一个具有同一性的对象时所意想的统一体。

---

① ［德］卡西尔：《语言与神话》，于晓等译，三联书店1988年版，第63页。
② ［德］卡西尔：《人论》，第212页。

没有这一带来光明的源泉,我们的知觉世界就仍然暗淡无光、暧昧昏黄。"[1]正因如此,凯勒和布里奇曼通过"名称"而获得了本已被遮蔽掉的能力,从而用新的眼光去看待万物,获得了全新的思想工具。尽管这一过程非常缓慢,但是人类言语的每一步进展,都使"我们的知觉世界做出更好的定向和安排"[2]和获得了更大的自由性和更加宽广的世界。

五、小结

语言是人类心智经过漫长的演化过程后所获得的认识和把握世界的工具。卡西尔说:"语言首先必须以神话的方式被设想为一种实体性的存在和力量,而后才能被理解为一种理想的工具,一种心智的求知原则,一种精神实在的建构与发展中的基本功能。"[3]总之,对语言的运用能力就是对符号运用的能力,而对符号的运用和把握与对一般事物和抽象的概括能力相关。有了语言这一符号形式,人类就不会囿于直接实在性与现实生活,而有了精神活动的表达和对可能世界的追求,这对于人类心灵活动的发展是极其重要的。

需要指出的是,语言不是孤立的存在,从直观到概念,再到科学思维(数的思维)发展的过程中,语言也是无法缺失的存在。这部分将在第七章有较为详尽的解读。

---

[1] [德]卡西尔:《符号·神话·文化》,李小兵译,东方出版社1988年版,第97页。
[2] [德]卡西尔:《人论》,第215页。
[3] [德]卡西尔:《语言与神话》,于晓等译,三联书店1988年版,第83页。

第五章　作为符号形式的艺术和美

在卡西尔的哲学体系中,艺术占有特殊的位置。在《符号形式的哲学》的第三卷中,卡西尔经常提及艺术、宗教和语言的三者关系,但遗憾的是其中并未给予艺术一个显著位置。卡西尔在 1942 年写给"在世哲学家图书馆"(Library of Living Philosopher)的保罗·席尔普(Paul Schilpp)教授的信中曾讲过,在《符号形式的哲学》的初稿构思中,他考虑过写一本关于艺术的书,但时代的"敌意"(ungunst)[①]使他一次又一次地推迟了这本书的写作。他说打算很快就呈现出他的美学理论。显然,这形成了《人论》中关于艺术的章节。[②]事实上,凯瑟琳·吉尔伯特(Catherine Gilbert)在《卡西尔的艺术定位》一文中认为,尽管卡西尔的《符号形式的哲学》这套书中没有一本关于艺术的卷本,但是可以毫不夸张地认为,"审美符号

---

① 1933 年 1 月 30 日希特勒任德国元首,同年 5 月 2 日,卡西尔离开德国汉堡去往英国牛津大学任教。
② 见《符号形式的哲学》第四卷的编撰者兼英文版翻译约翰·迈克尔·克罗斯(John Michael Krois)在为这本书所做的导言。Ernst Cassirer, *The Philosophy of Symbolic Forms*, (Vol.4), *The Metaphysics of Symbolic Forms*, Introduction by John Michael Krois and Donald Phillip Verene, Yale University Press, 1996, pp.xxiii.

(即艺术)是卡西尔符号形式的顶峰。"[1]哈里·斯洛克豪尔(Harry Slochower)认为"艺术问题不止是卡西尔哲学的一个组成部分,而是他方法和体系最具特色的扩展"[2]。而柯提斯·卡特(Curtis L. Carter)则注意到卡西尔的符号论中的具体内容与构成意识的符号形式整体功能统一的辩证互动。事实上,卡西尔的晚年非常重视探讨作为符号形式的文学艺术的情感性和生命价值。据翻译了卡西尔的《英国的柏拉图式的文艺复兴》(*Platonic Renaissance in England*),并帮助他修改和校正了《人论》的詹姆士·佩蒂格罗维(James Pettegrove)所说,卡西尔在去世前正计划写下一本关于莎士比亚的书。卡西尔认为莎士比亚是文艺复兴时期幽默的完美主义者,他强调莎士比亚的"喜剧和悲剧之间没有分离"的特征。卡西尔最后的出版物之一《托马斯·曼的歌德形象》(*Thomas Manns Goethe-Bild*)讨论了喜剧和悲剧的相关性;可见,卡西尔正在努力完成他的文化理论,将其提升到情感和生命本身的层面。

---

[1] Catherine Gilbert, *Cassirer's Placement of Art*, p. 609, Quote from Curtis L. Carter (Milwaukee), *After Cassirer: Art and Aesthetic Symbols in Langer and Goodman*, *The Philosophy of Ernst Cassirer: A Novel Assessment*, eds, J. T. Friedman and S. Luff, Berlin: Walter de Gruyter, 2015, pp.404.

[2] Slochower 转引自 Curtis L. Carter (Milwaukee), *After Cassirer: Art and Aesthetic Symbols in Langer and Goodman*, *The Philosophy of Ernst Cassirer: A Novel Assessment*, eds, J.T.Friedman and S.Luff, Berlin: Walter de Gruyter, 2015, pp.404

这些主题也出现在他的晚期作品《卢梭、康德和歌德》中。①

本部分拟以《人论》的"艺术"部分为基础,结合卡西尔其他作品对他的美学和艺术问题进行解读,并着力探讨艺术作为符号形式在人的存在中如何发挥作用。

一、从摹仿到构形:艺术获得合法性条件的不同路径

从艺术史的发生学可知,摹仿是早期探讨艺术起源和艺术合法性问题的关键点。从古希腊开始,艺术就不作为独立的领域而存在,它与真、善有着须臾不离的联系。在传统艺术系统中,人们一方面在道德生活的范围内(善),另一方面则在艺术品和客观事物是否相符的范围内(真)寻找艺术合法性的标准。所以卡西尔指出,"以往所有的体系一直都在理论知识或道德生活的范围之内寻找一种艺术的原则。如果艺术被看成是理论活动的产物,那么必然就要去分析这种特殊的活动所遵循的逻辑法则。"②艺术与语言一样,都起源于摹仿,因此从人类学的角度来说,"摹仿是人类本性的主要本能和不可再还原的事实。"③

"摹仿"一词在古希腊是伴随着酒神祭的礼拜和神秘一道

---

① John Michael Krois, *Cassirer Symbolic Forms and History*, Yale University Press, New Haven and London, 1987, p.32.
② [德]卡西尔:《人论》,第216页。
③ [德]卡西尔:《人论》,第217页。

产生的,最初的意义可能代表着由祭司所从事的礼拜活动,包括舞蹈、奏乐和歌唱。到公元前5世纪,"摹仿"一词开始用于哲学上,表示对外界的仿造。在原子论创始人德谟克利特看来,艺术起源于对自然的摹仿,尤其是对动物行为的摹仿:"在艺术中我们摹仿自然;在从事纺织时我们摹仿蜘蛛;在从事建筑时,我们摹仿燕子;在从事歌唱时,我们摹仿天鹅和夜莺。"①这是早期朴素唯物论的摹仿观。柏拉图从理念论的角度,认为艺术是对外界被动而忠实的临摹,但是摹仿却无法通达真相,因为艺术是对现实的摹仿,而客观世界则是对理念世界的摹仿,艺术永远和理念隔了二层,美的事物永远不是美本身。而亚里士多德认为摹仿是人高于较低动物的优点之一,他最早把艺术和技术加以区分,并明确肯定了艺术的本质就是摹仿。他在《论诗》中指出:"史诗和悲剧诗,喜剧和酒神颂,以及绝大多数的笛子演奏术和竖琴演奏术,从总体上看,都可以被视为摹仿艺术。但它们在三个方面相互区别开来,即用于摹仿的手段不同,摹仿的对象不同,摹仿所采用的方式不同。"②而且,在亚里士多德看来,摹仿不止于对客观事物的反映和描摹,它也被认为具有认知的作用。人们可以通过摹仿而学习,并且摹仿可以产生快感,这种快感是一种特殊的审美经验,"求知不仅对哲学家是最快乐的事,而且对一般人来说,无论

---

① [波兰]塔塔尔凯维奇:《西方六大美学观念史》,刘文谭译,上海译文出版社2006年版,第275页。
② [古希腊]亚里士多德:《亚里士多德全集》(第9卷),崔延强译,中国人民大学出版社1994年版,第641页。

他们的求知能力多么小,也依然是一件最大的乐事。我们在观看艺术表演时之所以产生快感,就是因为在观看的同时也就是在求知——推测某些事物的意义。"①基于此,摹仿不仅是一种人类的本性,它甚至成为一种学习能力和通向自由创作的必要途径。当这种能力得到不断强化后,艺术创作水平也能得到提高,"直至能信口赋诗的水平"。②摹仿说在文艺复兴时代成为艺术论中的基本概念,并达到了顶峰。15世纪初的艺术家们,如吉贝尔蒂、阿尔伯蒂、达·芬奇等都接受了摹仿说。达·芬奇甚至提出"镜子说",将艺术比喻为反映现实的一面镜子,他说:"镜子始终映出所照物体的色彩,镜前有多少物体,镜中便充满多少物体的影像,画家的头脑应如明镜。"③17世纪的法国古典主义美学的立法者布瓦洛主张文艺创作要遵循理性,并以理性为最高标准,文艺的美也来源于理性。而理性是普遍、永恒和绝对的,所产生的美也是如此。由此,美就是真,而真又是自然。他说:"虚假永远无聊乏味,令人生厌;但自然就是真实,凡人都可以体验,在一切中人们喜爱的只有自然。"④也即是说,在他看来,美、真、理性、自然是同一的,求美就要符合理性和真,就要摹仿自然。因此,布瓦洛所主张的摹仿自然,是摹仿"自然人性"或"常理常情",以及由理

---

① [德]卡西尔:《人论》,第218页。
② [古希腊]亚里士多德:《亚里士多德全集》(第9卷),崔延强译,中国人民大学出版社1994年版,第645页。
③ [意]莱奥纳多·达·芬奇:《达·芬奇笔记》,周莉译,译林出版社2015年版,第95页。
① 朱光潜:《西方美学史》,人民文学出版社2002年版,第187页。

性加工过的"美的自然"。他由此提出了"典型"理论,即"切莫演出一件事使观众难以置信:有时候真实的事很可能不像真情"。①其核心是要求文艺创造要摹仿典型的形象,而非真人真事,文艺的真实就是"逼真"。摹仿说在18世纪初依旧是美学的基本问题,1744年维柯在《新科学》中宣告,诗除了摹仿之外便什么也不是。②而在1747年,阿贝·巴多(Abbe Batteux)在论文《美的艺术归结为一个原则》(*Les beaux arts reduits a un meme principe*)中宣布,他找到了作为一切艺术的基本原理,那就是摹仿。

但摹仿理论在18世纪的卢梭那里受到了挑战。卢梭反对新古典主义传统的艺术理论,他认为艺术不是对经验世界的复制,而是对情感的表现。在论及音乐的旋律时,卢梭说:"旋律早已存在于读者的心中。通过摹仿声音抑扬顿挫的变化,旋律表达了同情、悲伤、欢乐、恐惧等情绪和感觉。所有关于激情的声音符号都在它的范围之内。……它不仅摹仿,并且把它变成一种言说。它的语言尽管含糊不清,却生动、热烈、富有激情,……这就给予了音乐表现形式上的力量,增强了歌曲对于敏感心灵的影响。"③而卡西尔在评价卢梭的《新爱洛绮丝》一书时指出:"卢梭的《新爱洛绮丝》被证明是一种新

---

① [法]布瓦洛:《诗的艺术》,人民文学出版社1959年版,第33页。
② [波兰]塔塔尔凯维奇:《西方六大美学观念史》,刘文谭译,上海译文出版社2006年版,第278页。
③ [法]卢梭:《论语言的起源兼论旋律与音乐的模仿》,吴克峰等译,北京出版社2009年版,第87页。

的革命力量。那曾盛行了许多世纪的摹仿原则从今以后不得不让位于一个新的概念和新的理想——让位于'独特的艺术'的理想。"①这种被卡西尔反复提及并积极推崇的"独特的艺术"理想,指的是指导艺术理论的新原则,这一原则就是"构形"(formative)。毋宁说,构形成为艺术理论从传统走向现代的标志,也是人的主体性和生命力彰显的表征。

  卡西尔对艺术和美的阐释主要围绕着构形而展开的。构形即赋予经验以形式,也就是说,形式用来规范和组织经验以便使其成为人类的认识对象。在卡西尔看来,作为文化世界的组成因素,神话、语言、艺术、宗教、历史、科学等符号形式都是人类精神客观化的不同途径,这些符号不是对外部世界的单纯摹写,而具有一种构形的力量。而由于艺术的独特性,这种"构形性"特征则更加明显。艺术作为一种纯粹的形式,它具有独立的价值和独特的形式语言,它不指涉具体的现实与事实而仅遵循"形式的理性"。揭示艺术与形式的内在联系,是确定艺术成其为艺术的一个根本步骤。与康德一样,卡西尔将艺术放在人类认知的层面上去认识和理解。康德认为,形式是我们人类知觉得以形成的普遍和必要的条件,由于形式的形成是逐步为我们智力所理解的,形式因此"建构了"我们整个世界的经验。② 人类总有赋予经验以形式的愿望,这是

---

① [德]卡西尔:《人论》,第221页。
② Ernst Cassirer, *The Problem of Knowledge*, pp.14-15. Quoted from Ernst Cassirer, *The Philosophy of Symbolic Forms*, (Vol.1), *Language*. Introduction by Charles W. Hendel. Yale University Press, 1955, p.9.

人性使然,因为形式和结构化的过程是"一种心灵的过程,作品由这种过程而出"。[①]在卡西尔看来,艺术与其他文化一样,是理解人类自身发展和自我建构的重要途径。18世纪的哲学家对这种人性的独一无二的构形特征非常重视,如赫尔德和洪堡把这种愿望和能力视为语言的本质,席勒将其视为游戏和艺术的本质,康德将其视为理论知识结构的本质。[②]因此,艺术的特征既不是摹仿,也不是表现,而是构形。卡西尔借用歌德的观点来阐释艺术的构形特征。歌德在他的论文《论德国建筑》中告诫读者说:"艺术早在成为美之前,就已经是构形的了。……人有一种构形的本性,一旦他的生存变得安定之后,这种本性立刻就活跃起来。……而这种独特的艺术正是唯一的真正的艺术。"[③]按照歌德对艺术的理解,艺术的再现和表现都不足以说明艺术的独特性:艺术确实是表现的,但是如果没有构形它就不可能表现。而这种构形过程是在某种感性媒介物中进行的。歌德写道:"一当他无忧无虑之时,那些悄悄地产生的半神半人就在他周围搜集着材料以便把它的精神灌输进去。"[④]构形性体现在所有文化形式中,并在艺术中集中而鲜明地表现出来。卡西尔反对将艺术史定义为对历史上的艺术作观察和描述,他强调指出,如果艺术史仅将自己限制在

[①] [德]卡西尔:《人文科学的逻辑》,沉晖等译,中国人民大学出版社1991年版,第153页。
[②] [德]卡西尔:《人文科学的逻辑》,沉晖等译,中国人民大学出版社1991年版,第17页。
[③] [德]卡西尔:《人论》,第221页。
[④] [德]卡西尔:《人论》,第222页。

一些历史的观察和对一些已发生过的事物的描述,它就不能发展。应找到艺术史发展的普遍结构框架,这作为基本图式或范畴将规定着艺术史的发展。他认为这一框架已被19世纪末艺术史家沃尔夫林(Heinrich Wölfflin)所把握和发展,"沃尔夫林通过研究和分析艺术表现的不同样式和不同可能性而发现了这些范畴"。[①]沃尔夫林将视觉形式理论作为分析艺术风格演变的工具,在对文艺复兴和巴洛克的艺术进行考察比较后总结出五对对立的范畴,即线描的和图绘的、平面的和纵深的、封闭的和开放的、多样的统一和整体的统一、清晰性和模糊性。通过这五对概念,沃尔夫林从知觉心理学的角度解释了视觉形式风格的转变,证明了他所提出的"视觉也有自己的历史"的观点。

构形是能动性的,构造的是具有动态的、生命力的形式。在卡西尔看来,美是一种"构造活动",美感并非被动获得,而是需要有人的心灵积极参与。他说:"美不能根据它的单纯被感知而被定义为'被知觉的',它必须根据心灵的能动性来定义,根据知觉活动的功能并以这种功能的一种独特倾向来定义。它不是由被动的知觉构成,而是一种知觉化的方式和过程。但是这种过程的本性并不是纯粹主观的,相反,它乃是我们直观客观世界的条件之一。艺术家的眼光不是被动地接受和记录事物的印象,而是构造性的,并且只有靠着构造活动,我们才能发现自然事物的美。美感就是对各种形式的动态生命力的敏感性,而这种生命力只有靠我们自身中的一种相应

---

① [德]卡西尔:《人论》,第108页。

的动态过程才可能把握。"[①]

卡西尔的构形强调能动、构造和参与,它是人的生命、情感、精神、各种感知全方位的积极活动。在视觉艺术中,主体经过构形,视觉创造出一个形式的空间,这是19世纪末20世纪初艺术史家希尔德勃兰特(Adolf von Hildebrand)所讲的"知觉空间",它是一个新的领域,"不是活生生的事物的领域,而是'活生生的形式'的领域。我不再生活在事物的直接实在性之中,而是生活在诸空间形式的节奏之中,生活在各种色彩的和谐和反差之中,生活在明暗的协调之中。审美经验正是存在于这种对形式的动态方面的专注之中。"[②]

构形的艺术关注的是全部生命的整体,而不是单独的某一部分,这与之前所指出的形式的生命性、系统性和关系性是一致的。卡西尔由此认为,艺术的类别是无关紧要的,无论悲剧还是喜剧,是用音乐表达还是用绘画表达,是优美还是崇高,这些都不重要,重要的是,艺术的审美是对对象的全部接受。这一过程是解释学方法论中的整体,是前在、目前和将来的统一体,也是我们整个生命的运动,是对立的统一、悲伤和欢乐的集合体。而我们在艺术中感受到的"是人类情感从最低的音调到最高的音调的全音阶;它是我们整个生命的运动和颤动"。[③]其实这也是知觉系统性的完形过程,即"格式塔"的生成活动。在本书第二章第二节阐释"符号性包孕"的概念时

---

① [德]卡西尔:《人论》,第238页。
② [德]卡西尔:《人论》,第239页。
③ [德]卡西尔:《人论》,第236页。

已经对"格式塔"理论做了解读。"格式塔"(Gestaltung)一词在德语中就是"形式"(Form)或"完形",这一概念由冯·艾伦菲尔斯(C. v. Ehrenfels)在 1890 年首次引入心理学,后经韦特默、柯勒、考夫卡和阿恩海姆的发展进入知觉心理学的研究中。"格式塔"注重整体和局部的关系,强调整体先于部分并决定部分的性质。这一注重关系,注重建构生成和完整性的特征被称为"格式塔质"。阿恩海姆对格式塔的探讨集中在艺术心理学中,他认为,视觉是作为一个"场"而活动的,这意味着每一部分的位置和功能是由作为一个整体的结构所决定的。在这个展现于时空中的总体结构里,一切部分都相互依赖。[①] 格式塔心理学承认,知觉具有趋于完满性的特征和从整体上把握事物形式的能力:"视觉形象的真正本质是圆满的知觉经验传达出意义的能力。视知觉是一种形知觉,它把眼睛的视觉投射所提供的形状组织起来,结合起来。"[②]而事实上,德国艺术史家康拉德·费德勒(Konrad Fiedler)在 19 世纪末就曾对视觉格式塔理论有过卓越的见解,他认为,人都有一种"视觉格式塔能力",而且"仅凭感知经验就可以将人引向艺术的格式塔结构。对艺术家来说,世界只是一种表象。他将其作为一个整体来处理,并试图将它作为视觉整体来重

---

① [美]鲁道夫·阿恩海姆:《艺术心理学新论》,郭小平、翟灿译,商务印书馆 1999 年版,第 18 页。
② [美]鲁道夫·阿恩海姆:《艺术与视知觉》,滕守尧、朱疆源译,四川人民出版社 1998 年版,第 177 页。

新创造。"①视觉格式塔概念凸现出艺术家着眼于整体形式结构关系来把握自然对象的方式。卡西尔将"格式塔"原理应用于对文化结构的阐释中,他反对元素心理学将结构化解为一种单纯的"集合"或化解为一种"总和"的做法,因为如此,事物的结构将无法被理解。卡西尔认为,完型是人文研究的趋势,因为"当自然科学开始关心自身特有的形式问题的时候,人文科学也开始探究自身的形式和结构的完型了"。②

二、知觉的能动性:获得审美经验的途径

构形是人的特有能力,但艺术的形式并非人人可以发现,因为"对事物的纯粹形式的认识绝不是一种本能的天赋、天然的才能。我们可能会一千次地遇见一个普通感觉经验的对象而却从未'看到'它的形式;……在艺术中我们是生活在纯粹形式的王国中而不是生活在对感性对象的分析解剖或对它们的效果进行研究的王国中"。③事实上,卡西尔在这里提出了一个重要的问题,即知觉的能动性问题。这一问题从19世纪末20世纪初的德语国家的视觉形式理论开始,经由20世纪初英国的形式主义美学家罗杰·弗莱和克莱夫·贝尔,到知觉现

---

① Conrad Fiedler, *On Judging Works of Visual Art*, translated by Henry Schaefer-Simmern and Fulmer Mood, University of California Press, Berkeley, Los Angeles, London. 1978, p.42-43.
② [德]卡西尔:《人文科学的逻辑》,沉晖等译,中国人民大学出版社1991年版,第151页。
③ [德]卡西尔:《人论》,第227页。

象学家梅洛-庞蒂,直至卡西尔和苏珊·朗格,成为20世纪重要的美学问题。19世纪末20世纪初德语国家的视觉形式理论十分关注视觉的发展和其建构问题。德国艺术理论家费歇尔(Vischer)认为,视觉的观察方式应该分为三种,"第一种为平静的看;第二种是视觉的探测;第三种则是从内部向中心转移的倾向"[①]。费歇尔接受了奇美尔曼(Zimmermann)的纯形式理论,认为在形式的构成过程中,情感、认知都加入了视觉的表现,并把这一过程集中在"我"的身上。视觉并非体现为一种单纯的看,或被动的能力,它在不断地感知、游移和探测。如果费歇尔突出的是视觉的整体认知功能和与情感的关系,那么希尔德勃兰特则强调"人的视觉能够建构空间"这一命题。希尔德勃兰特把这种"虚的"意象唤做"感性空间",意指"视觉"的空间。他认为通过"建造方法"可以说明呈现和描绘这种空间形式的系统构造。[②] 希尔德勃兰特指出:"我们与视觉世界的关系主要在于我们对其空间特性的感觉。没有这种感觉,要在外部世界中确定方向是绝对不可能的。因此我们必须把我们一般空间观念和空间形式感觉视为我们对现实事物的观念中最重要的事实。"[③]他同时指出,视觉对象的单个形象和整体形象在空间中是不同的,因为空间中的物体存在不

[①] Ernest K. Mundt. *Three Aspects of German Aesthetic Theory*[J]. The Journal Aesthetics and Art Criticism. 1959(03): 292.

[②] [美]苏珊·朗格:《情感与形式》,刘大基等译,中国社会科学出版社1986年版,第86页。

[③] [德]阿道夫·希尔德勃兰特:《造型艺术中的形式问题》,潘耀昌等译,中国人民大学出版社2004年版,第1页。

是绝对的,而是相对的,这源于实际形式和知觉形式的不同。如,当我们用视觉注视一个手指时,获得了各部分的形状和大小的相对印象;当我注视整只手时,按与整只手的关系来看这个手指,获得了表达五个手指与手的关系的新印象;当我注意到手和手臂时,印象又变了,等等。当我只注意到手时,手可能看上去是大的,在与手臂的关系中,手可能显得纤巧,因为手臂有更大的分量。起码手指的形式被视为总体的印象,后来它变成了与其他相互协作之形式的相对的价值。然而手指的实际形式坚持不变,是知觉形式改变了。同希尔德勃兰特一样,费德勒反对机械视觉模式,认为观看(seeing)"并非机械的行为",它根本不能与按着暗箱理论发展出来的图像生产相提并论。克莱夫·贝尔和罗杰·弗莱也对知觉能力十分重视,他们痛心于现代人失去了"真正去看"的能力。弗莱认为,在现实生活中,人们没有真正地学会如何真正地"看",而是"学会仅用极经济的目光来观看,……事实上用很少的目光来识别每个物体或人物已足够,……普通人对他们周围的事物只是认真看看标签,就不愿费更多事了。几乎所有的事物无论在哪方面都多少打上了这种无形的标记"。[1] 而贝尔也注意到普通人(文明人)看事物的习惯和艺术家,甚至野蛮人和儿童看事物的习惯有很大的不同。前者的眼光狭隘而理智,他们"认标签而忽略事物本身,理智地而非情感地看待事物,这种习惯很好地说明了多数文明的成年人令人惊讶的盲

---

[1] [英]罗杰·弗莱:《视觉与设计》,易英译,江苏教育出版社 2005 年版,第 16 页。

目,或者更恰当地说,说明了他们视觉上的狭隘"。而"只有艺术家,具有非凡敏感性的有教养的人以及一些野蛮人和孩童能够敏锐地感受到'形式的意味'。……因为他们是用情感来看的,而人们不会忘记那些在情感上打动过他们的东西"。[1] 贝尔也不无遗憾地指出,对形式不敏感的人,眼睛往往只是用来收集信息,这些人从未感受到纯粹形式的情感意味,他们往往从功利上去认识事物,而非从形式上。梅洛-庞蒂在其《知觉的世界》一书中指出,从知觉角度去感受事物可以将事物带到其本身,从而强调了感知经验的重要性。因为在日常生活中,当我们本应去感知世界时,却往往给世界下定义,而艺术却能够将我们带回到感知的世界中,"在塞尚、胡安·格里斯、勃拉克和毕加索的作品中,我们以不同的方式与柠檬、曼陀铃、葡萄串、烟草袋等物件遭遇。它们并不因为我们的'熟识'(know well)就从我们眼前迅速消失。相反,它们抓住了我们的目光并对其进行发问,并以一种古怪的方式向我们的目光透露着它们的物性秘密和存在方式,可以说,它们'活生生地'站在我们面前。这就是绘画如何引导我们回到事物本身的观看。"[2]

卡西尔意识到艺术中"看"的重要性,他指出,达·芬奇所说的"教导人们学会观看"(saper vedere),就是艺术家向我们

---

[1] [英]克莱夫·贝尔:《艺术》,薛华译,江苏教育出版社 2004 年版,第 42 页。

[2] Maurice Merleau-Ponty, *The World of Perception*, translated by Oliver Davis, Routledge, 2004, p.93.

提供一种观察方法,亦即提供一种认识世界的范式。因为"每一件艺术作品都有一个直观的结构"。① 进入了一种范式,就进入了一种思维结构之中。所以,从这一点上来说,对艺术的认知同时也是对世界的认知。换言之,艺术家借助艺术来塑造人们的观察方式,建构人的思维范式。艺术是我们内在生命的具体化、客观化,是内在生命的真正显现,是对实在的发现和理解。因此,对艺术的真正理解并非内容的理解,而是形式的理解。如果一个人无法感受艺术的色彩、空间形式、节奏的话,他"不仅被剥夺了审美快感,而且还丧失了向最深层的实在切近的可能"。②

三、情感、形式与生命

卡西尔之所以反对单纯的表现说,是因为"表现本身并不是审美过程,而是一个一般的生物学过程。……单独一个情感的语音——欢乐或悲伤,爱或恨的语音——绝不是审美现象"。③艺术作品尤其是小说或戏剧中流溢着情感的色彩,它们或激情澎湃,或悲伤恐惧,或喜悦恬和,似乎以强烈的感染力激动人心。但是卡西尔认为,尽管情感是艺术中不可缺少的要素,但是只强调情感,艺术中的重要因素——形式要素就被

---

① [德]卡西尔:《人论》,第264页。
② [德]卡西尔:《符号·神话·文化》,李小兵译,东方出版社1988年版,第135页。
③ [德]卡西尔:《语言与神话》,于晓等译,三联书店1988年版,第138页。

取消了。审美判断既不同于逻辑上的认知判断也不同于道德上的伦理判断,它是一种无利害、无功利的形式判断。尽管艺术中"充满了最生动活泼的激情,但是在这里这种激情本身无论在性质上还是在意义上都被改变了"。①

我们可以从三个方面认识艺术中的情感特征,并体味它与生命和美感的关系:

1. 它是形式化或客观化的情感。

在卡西尔看来,"伟大的画家向我们显示外部事物的各种形式;伟大的戏剧家则向我们显示我们内部生活的各种形式。戏剧艺术从一种新的广度和深度上揭示了生活:它传达了对人类的事业和人类的命运、人类的伟大和人类的痛苦的一种认识,与之相比我们日常的存在显得极为无聊和琐碎。我们所有的人都模糊而朦胧地感到生活具有的无限的潜在的可能,它们默默地等待着被从蛰伏状态中唤起而进入意识的明亮而强烈的光照之中。不是感染力的程度而是强化和照亮的程度才是艺术之优劣的尺度。"②所谓"强化和照亮的程度"则是形式化的程度,这才是衡量艺术高下的标准。卡西尔认为,如此我们就可以更充分地理解亚里士多德悲剧理论中的"净化说"或"疏泄说",即"卡塔西斯说"(Theory of Katharsis)。亚里士多德说:"悲剧是对某种严肃、完美和宏大行为的摹仿……通过引发怜悯和恐惧,以达到让这类情感得到净化

---

① [德]卡西尔:《人论》,第232页。
② [德]卡西尔:《人论》,第233页。

的目的。"①"卡塔西斯"在公元前5世纪指一种医治手段,即通过"卡塔西斯"将某种体内淤积的可能导致病变的部分疏导出去,即"净化"或"宣泄",这个词又与宗教的净涤仪式相联系,后来用于解释艺术尤其是音乐的审美功能。卡西尔对"卡塔西斯"的认识倾向于当时公认的一种说法,即它并非指净化,而是指人类灵魂的一种变化。这种变化是由悲剧诗引起的,"靠着悲剧诗,灵魂获得了一种新的态度来对待它的情感。"②所以,悲剧的效果是一种辩证张力的统一,它既是情感的最高强化,同时也是强化之后所获得的静谧。悲剧诗人通过赋予悲剧这种双重的力量,证明了自己不是情绪的奴隶而是它的主人。这种张弛有度的把握也传达给观众,后者在观看时不会受到情绪的激发而失去控制,反而增强了自己的把控能力,对自我的灵魂有了新的认知。因此,卡西尔说:"审美的自由并不是不要情感,不是斯多葛式的漠然,而是恰恰相反,它意味着我们的情感生活达到了它的最大强度,而正是在这样的强度中它改变了它的形式。因为在这里我们不再生活在事物的直接的实在之中,而是生活在纯粹的感性形式的世界中。"③所以,把握艺术形式才是理解艺术作品,洞悉艺术本质的关键所在。

因此,在卡西尔看来,"在客观的与主观的、再现的与表现

---

① [古希腊]亚里士多德:《亚里士多德全集》(第9卷),崔延强译,中国人民大学出版社1994年版,第649页。此句中的"净化"即 katharsis。
② [德]卡西尔:《人论》,第233页。
③ [德]卡西尔:《人论》,第234页。

的艺术之间所作的泾渭分明的区别是难以维持的。帕尔泰农神庙的中楣,巴赫的弥撒曲,米开朗琪罗的'西斯廷天顶画'……都是既非单纯再现的亦非单纯表现的。在一个新的更深刻的意义上它们都是象征的(symbolic)。"[①]所谓"象征的",也可以译为"符号性的",即它是介于主观与客观、再现与表现之间的,既具有纯粹直观的形式特征,同时又具有意义的完满性和包孕性特征。正是由于这种符号特性,伟大的艺术作品"并非只是强烈感情的瞬间突发,而是昭示着一种深刻的统一性和连续性"[②]。它组织、建构了生活的支离破碎的片段,使作品秩序化和结构化,它"借助于表面现象中见出合规律性的性格,尽善尽美的和谐一致、登峰造极的美、雍容华贵的气氛,达到顶点的激情,从而将这些现象的最强烈的瞬间定形化"[③]。在这里,"定形化"就是通过感性直观形式将客体对象和主体情感、摹仿和表现统一起来,达到对实在的再解释。

2. 情感是普遍化的生命动态过程

卡西尔反复强调,艺术中所表现的情感并非个人的、单一的情感,它是人的普遍化的生命动态过程,是一种构成的"力"。他说:"艺术使我们看到的是人的灵魂最深沉和最多样化的运动。但是这些运动的形式、韵律、节奏是不能与任何单一情感状态同日而语的。我们在艺术中所感受到的不是哪种单纯的或单一的情感性质,而是生命本身的动态过程,是在相

[①] [德]卡西尔:《人论》,第230页。
[②] [德]卡西尔:《人论》,第230页。
[③] 歌德对狄德罗《画论》译本的评论。转引自[德]卡西尔:《人论》,第231页。

反的两极——欢乐与悲伤、希望与恐惧、狂喜与绝望——之间的持续摆动过程。"①只有将这种情感和生命的过程性和普遍性联系在一起,我们才能深入地了解艺术作品,因为只有这样,才能"使我们的情感赋有审美形式,也就是把它们变为自由而积极的状态。在艺术家的作品中,情感本身的力量已经成为一种构成力量"。②

情感是复杂多样的,表现在艺术作品中也并非单一的形式。在卡西尔看来,我们不应把艺术作品"类概念"化,即将某一作品的风格归到某一类中,如将莫扎特的音乐归属于欢乐的、宁静的,而将贝多芬的作品归属于或是庄重的、低沉的,或是崇高的,这样做是肤浅的,只能暴露出自己贫乏的鉴赏力。因为艺术作品中的情感是丰富的,这种丰富性不仅表现艺术本身的多义性,也表现在艺术家在创作的过程中情感所达到的广度和深度,更表现在欣赏者在欣赏过程中的积极参与。所以无论艺术的创造还是欣赏,都是一种对话和辩证的过程,这里不仅有艺术家的主导,更有观者的参与,从而"凭着这种创造过程的本性,各种情感本身转化为各种行动"。③如贝多芬根据席勒的《欢乐颂》所作的乐曲本身表达的是狂喜,但是听者在欣赏的过程中可能会想到《第九交响曲》的悲怆的音调。这充分体现了审美经验与科学概念的不同,后者单一、概括、简单,力求用若干简洁的公式来穷尽物质宇宙的全部结构;而

---

① [德]卡西尔:《人论》,第234页。
② [德]卡西尔:《人论》,第234页。
③ [德]卡西尔:《人论》,第235页。

审美经验则是复杂多样、变化丰富的,在其中,任何想要用一个简单的公式来囊括一切的企图注定会失败。正因为如此,对艺术的阐释会因不同情境的变化而发生变化,一件作品会引发人们不同的审美感受。因而在卡西尔看来,"展示事物各个方面的这种不可穷尽性就是艺术的最大特权之一和最强的魅力之一。"①

四、审美快感源于形式

在《人论》中,卡西尔探讨了美和审美快感的来源,这是美学中非常重要的问题。在这一论述中,他反对两种现存的美学理论:

其一,"美是愉悦"说。尽管卡西尔不赞成形而上学的美学观必须给美下一个定义的本质主义的做法,但是同时也不赞成心理学美学理论仅仅关心美的事实,并对这种事实做描述分析的方式。心理学理论将美定义为"愉悦",即"艺术品给了我们最高的愉悦,或许是人类本性所能有的最持久最强烈的愉悦"。② 但是卡西尔认为,这种看似简单绝对的解决问题的快乐主义原则其实是有问题的,因为"愉悦"仅是我们直接的经验材料,它不能作为艺术的目的而存在。正如亚里士多德在论述形式时所说:"撇开感觉对象的质料而接受其形式,正如蜡块,它接受戒指的印记而撇开铁或金,它所把握的是金或

---

① [德]卡西尔:《人论》,第228页。
② [德]卡西尔:《人论》,第250页。

铜的印迹,而不是金或铜本身。"①如果艺术的目的仅是为了愉悦或者娱乐,那么我们就无法解释米开朗琪罗建造圣彼得大教堂、但丁或弥尔顿写诗的目的。艺术不是对直接材料的愉悦,而是对形式的愉悦,"如果艺术是享受的话,它不是对事物的享受,而是对形式的享受,喜爱形式是完全不同于喜爱事物或感性印象的。形式不可能只是被印到我们心灵上,我们必须创造它们才能感受它们的美。"②卡西尔根据意大利历史学家维柯的思想提出:"人类决不能彻底穷尽事物的本性;人类所能真正理解的乃是他自己的作品的结构和特征。"③因此,维柯能够将逻辑学的方法运用于数学和自然科学之外,把人类自身的世界建构为人文科学的逻辑。而卡西尔试图寻找的也是这种文化的逻辑结构,他在深入考察了人类文化——语言、艺术、神话、历史等之后指出,仅仅将文化的成果作为纯粹的原始材料是不够的,我们必须了解这些作品的深意,以期使文化史的基本形态整合为类别,进而使我们在类别中发现某种关系和秩序。

形式不是给予的或自然生成的,而是由人创造出来的。所以在卡西尔看来,"一切古代的和现代的美学快乐主义体系的一个共同缺陷正是在于,它们提供了一个关于审美快感的

---

① [古希腊]亚里士多德:《论灵魂》,秦典华译,中国人民大学出版社1993年版,第62页。
② [德]卡西尔:《人论》,第252页。
③ [德]卡西尔:《人文科学的逻辑》,沉晖等译,中国人民大学出版社1991年版,第42页。

心理学理论却完全没能说明审美创造的基本事实。在审美生活中我们经历了一个根本的变化。快感本身不再是一种单纯的感受,而是成了一种功能。"[1]正是由于审美快感不是直接材料所引起的而是由形式所引起的,所以,"一个伟大的画家或音乐家之所以伟大并不在于他对色彩或声音的敏感性,而在于他从这种静态的材料中引发出动态的有生命的形式的力量。只有在这种意义上,我们在艺术中所得到的快感才可能被客观化。……客观化始终是一个构造的过程。"[2]艺术的世界不是情感和情绪的集合,它是一种基于审美观照的构形活动。

其二,浪漫主义的表现说。卡西尔反对浪漫主义流派,尤其是德国的浪漫主义片面强调"自我表现"的主张。德国早期浪漫主义从费希特的自我哲学出发,取消自我之外的"非我",把主观的自我变成了唯一独立的自由本质。主张艺术家是凌驾于一切的天才,是绝对自由的、不受任何现实的道德、法律等社会关系以及任何艺术规则的束缚的。同时,德国浪漫主义还崇拜本能的、无意识的、非理性的东西,认为艺术创作不应凭理智,而应凭神秘的直觉,强调用神秘的直觉的眼光看待自然和人生。因此,尽管卡西尔不赞成法国古典主义的"三一律"原则,但他也不赞成早期浪漫派对启蒙运动的歪曲和个人主义、非理性主义和神秘主义的审美原则。而且这一浪漫主义理论影响了柏格森的现代直觉主义的艺术主张,使后者的

---

[1] [德]卡西尔:《人论》,第252页。
[2] [德]卡西尔:《人论》,第252页。

直觉理论具有被动、非理性的特点。柏格森认为:"艺术的目的在于麻痹我们人格的活动能力,或宁可说抵抗能力,从而使我们进入一种完全准备接受外来影响的状态;……美感并非什么特别的情感;事实上,我们所感到的任一情感都会具有审美的性质,只要这情感是通过暗示引起的,而不是通过因果关系产生的。……在审美感的进展中,像在催眠状态里一样,有着多个不同的阶段。"[①]但事实上,催眠状态是一种被动的生理状态,它与审美活动的状态完全不同,后者是主动、积极的创造性活动,"要想感受美,一个人就必须与艺术家合作。不仅必须同情艺术家的感情,而且还须加入艺术家的创造性活动。如果艺术家成功地麻痹了我们人格的活动能力的话,那么他也就麻痹了我们的美感。"[②]

所以,经过对上述主张的否定,卡西尔认同夏夫兹博里和康德的美感理论,即美感是人类特有的产物,它离不开情感、激情和直觉活动,但是美感既不是非理性的自我流溢,也不是被动无力的接受状态,它"依赖于一种判断力和观照的活动"。[③]质言之,审美经验中必须有判断力和形式化的因素存在。这一观点在康德的《判断力批判》中有十分完备的阐释,但早在英国经验主义夏夫兹博里的《道德家》(*Moralists*)著作中已经出现。在这本书中,夏夫兹博里把审美经验看成人类

[①] [法]柏格森:《时间与自由意志》,吴士栋译,商务印书馆2007年版,第10—13页。
[②] [德]卡西尔:《人论》,第255页。
[③] [德]卡西尔:《人论》,第255页。

本性的特权,是人区别于动物的特点之一。夏夫兹博里指出:

> 在这一片翠绿的憩息之处,对着原野,对着在我们周围盛开着的鲜花,谁也不会否认美。然而,那美丽的草地或新鲜的苔藓、花枝繁茂的百里香、野生的玫瑰或忍冬属,也都是像这些自然形式一样可爱的呀。但是,吸引附近的牧群的,使幼鹿和小山羊快乐的,以及我们在吃着草的羊群中所看到的一片欢乐之情,却并不是因为那些自然景色的美引起的:它们所喜欢的并不是形式,而是形式后面的东西:是美味可口的食物吸引了它们……是饥饿的欲望刺激了它们;……因为形式如果未得到观照、评判和考察,就决不会有真正的力量,而只是作为满足受刺激的感官的偶然的标志而已。[1]

夏夫兹博里认为,只有人才能认识到美并产生美感,这是因为人不仅具有动物式的外在感官,而且具有属于理性的"内在感官",它先天地具有分辨善恶美丑的能力。人所要欣赏的,"所有的美,都要通过一种更高尚的途径,借助于最高尚的东西,这就是他的心灵和他的理智。"[2]夏夫兹博里的理论影响在康德的《判断力批判》中显示出来,他比较了三种快感,即

---

[1] Shaftesbury, *Characteristics of Men, Manners, Opinions, Times*, edited by Lawrence E.Klein, Cambridge University Press, 2000, p.329-330.

[2] Shaftesbury, *Characteristics of Men, Manners, Opinions, Times*, edited by Lawrence E.Klein, Cambridge University Press, 2000, p.330.

"舒适的愉快"、"善的愉快"和"鉴赏判断的愉快"。对于前两种愉快,康德认为都不是审美的,因为它们都与"欲求"有关,"舒适和善两者与欲求能力都有关系,而且前者伴随着受病理学限制(通过刺激,stimulos)的愉快,后者则伴随着纯粹的实践性的愉快,这种愉快不仅被对象的表象所决定,而且还被主体与对象的实存之间的想象的结合所决定。"[①]也就是说,欲求的快乐都是与对象的实存,即与利害相关,而不是与形式相关,而审美的快乐则是形式引发的快乐,它是无关利害的,是由鉴赏判断引起的,是知性和想象力的自由游戏,是心灵和理智引发的快感。

为了进一步说明这一问题,卡西尔从构形理论出发对尼采将日神精神和酒神精神的冲突和互渗作为希腊悲剧起源的根基提出质疑。尽管卡西尔接受了尼采的"生命哲学"理论,并将其与自己的符号形式思想联系起来。受到尼采的生命哲学的影响,他还补写了《符号形式的哲学》第四卷,第一章就是对生命哲学的批判,被命名为"精神与生命"。但是在卡西尔看来,尼采的哲学是非理性的,其中所强调的梦、幻觉、醉无法解释艺术的特征,反而取缔了艺术的特征,因为艺术具有结构性和统一性:"在这种艺术的心理学起源理论中,甚至连艺术的一个最基本特征也消失了。因为艺术家的灵感并非酩酊大醉,艺术家的想象也不是梦想或幻觉。每一件艺术品都以一种深刻的结构统一为特征。我们不可能靠着把它归之于两种

---

① [德]康德《判断力批判》,来自《康德美学文集》,曹俊峰译,北京师范大学出版社2003年版,第457页。

不同的状态来说明这种统一;像梦幻和大醉这样的状态完全是散乱而无秩序的。我们不可能把模糊不定的东西结合为一个有结构的整体。"①

可以看到,构形在卡西尔的美学和艺术理论中占有核心位置,借此卡西尔对美学史中的几种流行理论进行批判性的分析,彰显了其符号形式理论的强大适用性和创造性价值。在艺术起源、艺术本质和美感起源问题上,"游戏说"一直占有重要的地位。席勒、斯宾塞、达尔文、古鲁斯、伽达默尔等学者都对游戏问题做过研究。个体的游戏由于其无功利性、自由性、能动性,一直被认为与艺术的审美活动十分相似,而且"大多数艺术的游戏说的倡导者们确实都已向我们保证,他们在这两种功能之间完全不能找出任何区别"。②但卡西尔指出,二者的相似性其实不足以证明真正的同一性,它们的区别主要表现在三个方面:

首先,儿童的游戏是变形,而艺术家的游戏是构形。拿想象来说,"艺术想象始终与我们的游戏活动所具有的那一类现象有着泾渭分明的区别。……游戏所给予我们的是虚幻的形象;艺术给予我们的则是一种新类型的真实——这种真实不是我经验事物的真实,而是纯形式的真实。"③卡西尔区分了三种不同的想象力:虚构的力量,拟人化的力量,创造激发美感

---

① [德]卡西尔:《人论》,第258页。
② [德]卡西尔:《人论》,第258页。
③ [德]卡西尔:《人论》,第258—259页。

的纯形式的力量。① 并比较了孩童的游戏和艺术家的游戏的区别。孩童是"用事物做游戏",他们的游戏拥有虚构和拟人的力量。尽管儿童有很强的改造能力,但这种改造只是材料和对象本身的变形,只是"重新安排重新调配已经给予感官知觉的那些材料",或把周围的现实事物换成其他可能的事物,而非将经验对象变成了形式。而艺术家则"用形式做游戏",换言之,是用线条和图案、韵律和旋律做游戏,这是更深刻意义上的构造和创造活动。"艺术家把事物的坚硬原料熔化在他的想象力的熔炉中,而这种过程的结果就是发现了一个诗的、音乐的,或造型的形式的新世界。……审美判断或艺术鉴赏的任务正是要在名副其实的艺术品与其他那些赝品之间作出区别,后者确实是玩具,或者至多只是'满足娱乐要求'的东西而已。"②

其次,儿童的游戏状态是消遣和悠闲,审美欣赏则是生命活力的强化。卡西尔认为,游戏和艺术的区别还体现在参与者的状态上。在儿童的游戏中,参与者处于一种悠闲的状态,体会到的是消遣和放松。相反,在艺术欣赏的过程中,欣赏者的状态却并非如此,进入审美经验的状态并不"悠闲",它要求全神贯注的投入,并使得我们全部的活力得以强化。③ 而这种状态才是"审美观照和审美判断的必要前提"。④ 如果我们只

---

① [德]卡西尔:《人论》,第258页。
② [德]卡西尔:《人论》,第259页。
③ [德]卡西尔:《人论》,第260页。
④ [德]卡西尔:《人论》,第260页。

追求游戏中的消遣和放松,我们可能只得到愉悦,但未必能够领悟艺术本身。

再次,游戏侧重欲望,审美欣赏侧重有意识的反思。在西方美学中,游戏理论以席勒所提出的观点最为著名。他将游戏当作人特有的活动而非有机体的普遍性活动,"只有当人成为完全意义的人,他才游戏,也只有当人游戏的时,他才完全是人。"[①]这就将人的游戏和动物的游戏区别开来。同时,他将游戏与自由、美联系起来,认为人性的分裂只有通过游戏能够弥补,游戏是走向全面发展的人的前提和必要条件。他明确指出,美是游戏冲动的对象,即活的形式。卡西尔部分接受了席勒的游戏主张,但是他认为,游戏的"意义"和美的意义并不相同,"自由"是席勒游戏理论的重要旨归,但是,如何获得自由?在席勒看来,审美观照和审美反思是人对宇宙采取的第一个自由的态度,因为在观照和反思中,人和对象之间有一个审美距离,这样可以摆脱欲望的羁绊获得自由。而儿童的游戏缺乏的正是这种"距离",即自由自在和反思的态度,这就是游戏和艺术的区别。

五、小结

艺术作为一种重要的符号形式在卡西尔的哲学体系中占有重要的位置。卡西尔反对摹仿说,认为主体的构形能力是

---

① [德]席勒:《审美教育书简》,冯至、范大灿译,北京大学出版社 1985 年版,第 76 页。

构成美的艺术的重要特征。因此,围绕着形式的构造,卡西尔将主体性、能动性、系统性和生命性特征赋予艺术。艺术的价值来自形式的构造,而构形的力量也是"我们内在生命的真正显现"。[①] 因此,形式与生命的关系是卡西尔艺术和美学理论的主线。与直接的经验世界相比,艺术的形式领域才是美的生发地,"它表示生命本身的最高活力之一得到了实现。"[②]艺术的基本特性之一,就在于它的构造力量,它赋予经验以秩序,"科学在思想中给予我们以秩序;道德在行动中给予我们以秩序;艺术则在对可见、可触、可听的外观之把握中给予我们以秩序。"[③]伟大的艺术家使得我们朦胧的情感具有了确定的形态,使我们不是生活在感觉印象的世界中而洞见事物的形式,从而直达对事物的深层认识。所以卡西尔赞成夏夫兹博里对真与美相等同的观点,即"一切美都是真的",但是这一真理观是有条件的,"美的真理性并不存在于对事物的理论描述或解释中,而毋宁是存在于对事物的'共鸣的想象'之中。"[④]共鸣的想象是对经验的组织、整理和秩序化。所以卡西尔认为,科学和艺术都有自己看世界的角度,而我们对三维空间的意识依赖于我们的双眼视觉,"我们能够改变我们的观看方式,我们能够变换我们对实在的看法。在形式中见出实在与

---

① [德]卡西尔:《人论》,第 267 页。
② [德]卡西尔:《人论》,第 264 页。
③ [德]卡西尔:《人论》,第 265 页。
④ 转引自[德]卡西尔:《人论》,第 267—268 页。

从原因中认识实在是同样重要和不可缺少的任务。"①换言之,我们对实在的看法取决于我们的视角,在艺术的形式中,同样可以发现真理。"人性的特征正是在于,他并不局限于对实在只采取一种特定的唯一的态度,而是能够选择他的着眼点,从而既能看出事物的这一面样子,又能看出事物的那一面样子。"②

---

① [德]卡西尔:《人论》,第 268 页。
② [德]卡西尔:《人论》,第 268 页。

第六章　作为符号形式的历史

卡西尔的早期著作很大程度上是有关历史的,他从马堡新康德主义的哲学原则的角度解释了现代思想作为一个整体的历史发展。思想史(科学思想史以及后来的文化史、艺术史)是卡西尔独特的哲学方法论的一个组成部分。早期著作《哲学与新时代的智慧问题》(*Das Erkenntnisproblem in der Philosophie und Wissenschaft der neueren Zeit*,1906)是对哲学史和科学史深厚的和原创性的贡献。这是一部根据"柏拉图式"思想对整个科学革命进行详细解读的作品,提出"数"在自然中的彻底应用是这场革命的中心和首要成就。在卡西尔的整个学术生涯中,他对广义的思想史做出了巨大的贡献,尤其是他对文艺复兴和启蒙运动基础的研究,对整个世纪的思想史有着重要的影响。而卡西尔的史学影响力并不限于科学史,还扩展到更广泛的历史学家中。克罗伊斯(John Krois)指出,"进入卡西尔的哲学,就是要沉浸在他的哲学史和文化的一般历史发展中。大概没有其他 20 世纪的哲学家像卡西尔那样,对历史和理论如此深入地研究。他的作品在兴趣各异的读者中拥有广泛的受众,并影响了艺术史学家欧文·潘诺夫斯基(Erwin Panofsky)、神学家保罗·蒂利希(Paul Tillich)、美学家苏珊·朗格(Susanne Langer)和文艺复兴学者保罗·奥斯卡·克里斯特勒(Paul Oskar Kristeller)等人。"[1]当然,包括文化历史学家彼得·盖伊(Peter Gay)的作品中也镌刻着卡西尔的深深印痕。

卡西尔的历史观是围绕着人性所做的阐释,或者说,和其他文化形式一样,它是人的符号形式本性的文化扩展并体现出人不断的自我解放的过程。恩诺·鲁道夫(Enno Rudolph)在题为"符号与历史:卡西尔的历史哲学批判"(*Symbol and History: Ernst Cassirer's Critique of the Philosophy of History*)的文章中认为:

> 卡西尔并没有发展出一套详尽的历史理论,他的历史理论只是以应用的形式存在:一方面,作为一部哲学史,它在文化谱系学的发展中起着向导的作用;另一方面,作为文化批判,它起着人文主义伦理学序言的作用。卡西尔认为,文化的历史就是人类不断自我解放的过程。卡西尔的作品中有许多参考文献表明,这种自我解放的过程增加了文化复杂性——这反过来又成为需要被接受的社会多元化的先决条件。但除此之外,卡西尔对历史发展从实体到功能的重构也可以被解读为一种理论框架,或者说是理论哲学,这种理论哲学构成了卡西尔实践哲学的基础,并以文化批判的现实形式表现出来。实体概念的消解是一个具有超越科学理论、实践和哲学关联

---

[1] John Michael Krois, *Cassirer Symbolic Forms and History*, Yale University Press, New Haven and London, 1987, Preface.ix.

的文化历史意义的过程。的确,世界观、解释模式、解释世界的参数以及领先的科学概念的日益去实体化,可以被视为卡西尔所理解的人类自我解放的历史象征。去实体化意味着将任何关于现象、范式、世界解释或价值观的多样性的参考都服从于一个更高的统一性。这就说明了为什么卡西尔的文化概念可以被理解为历史相对主义的标志。①

在《人论》的"历史"部分的研究开篇,卡西尔就用奥尔特加·加塞特的话来指明,以物的本性来规定人的本性是不正确的,从而由此引出人和历史的联系。首先,物的本性是实存,它们的存在意味着可以被触摸和感受,同时还意味着它们有着确切的结构和坚固性,有着永恒不变的本性。"自然是一个物,是由许多较小的物所组成的一个庞大的物。无论物之间有什么差别,它们都有一个基本的共同特征,那就是凡物都存在着。这不仅意味着它们实存着,它们就在我们面前,而且还意味着它们具有给定的、固定的结构或一致性。……当我们谈到事物的存在时,通常所理解的就是这种一劳永逸地给定和固定的一致性。另一种表达方式就是'自然'这个词汇。而自然科学的任务就是穿透变化的表象深入到永恒的本质或

---

① Enno Rudolph, *Symbol and History: Ernst Cassirer's Critique of the Philosophy of History*, edited by Jeefrey Andren Barash, *The Symbolic Construction of Reality: The Legacy of Ernst Cassirer*, The University of Chicago Press, Chicago and London, 2008, p.7.

结构中去。"①而与物相比,人没有一个永恒不变的本性:"人的生命并不是一种物,也没有一种本性,因此我们必须决定用其他范畴和概念来考虑它,而这些范畴和概念与那些阐明物质现象的范畴和概念是截然不同的。"②我们之所以认为物的本性对人来说也是适用的,是源于古希腊埃利亚学派的存在论逻辑。在哲学史上,埃利亚学派反对赫拉克利特的运动变化学说,坚决认为变化和运动是不可思议的,事物的性质是永不变化的。其代表巴门尼德认为,"凡是存在的东西,一向总是存在,将永远存在,或保持原状。因此,只能有一个永恒的、非衍生的和不变的存在。既然它总是一样,除存在以外其中没有别的东西,它必然是连绵不断的。而且,它必然是不动的,因为存在不能生成或消逝。"③埃利亚学派是人类生活的极端理智化,他们将人的存在和物的存在等同起来的做法被证明是错误的。所以加塞特指出,"为了讨论人的存在,我们必须首先阐述一个非埃利亚的存在概念,正如别人阐述一个非欧几里得几何学一样。赫拉克利特所播下的种子,该是收获丰

---

① José Ortegay Gasset, *History as a System*, *Philosophy and History*, *Essays Presented to Ernst Cassirer*, edited by Raymond Klibansky and A. J. Paton, Harper & Row, Publishers, New York, 1936, p.293 - 294.
② José Ortegay Gasset, *History as a System*, *Philosophy and History*, *Essays Presented to Ernst Cassirer*, edited by Raymond Klibansky and A. J. Paton, Harper & Row, Publishers, New York, 1936, p.295.
③ [美]梯利著:《西方哲学史》,葛力译,商务印书馆2009年版,第26页。

硕果实的时候了。"①在加塞特看来,与其说人有本性,不如说,人"所拥有的是……历史。换言之:历史之于人,犹如自然之于物"。②

一、历史意识:为历史事件确立形式和范畴

卡西尔指出,人类"历史意识"的形成经历了漫长的过程。所谓"历史意识",是指能"为历史思想这种特殊的形式提供一种哲学的分析"的意识。③这一意识的形成需要人们对时间概念的现代理解,即分化的时间意识和结构性思想,而这在早期是无法做到的。人们最初对历史起源的解读是神话式的,即它不存在一个明确的结构,神话时间是永恒的时间,其过去、现在和未来联系在一起,形成了一个无差别的统一体。而甫一开始摆脱神话思维的束缚,人们就获得了新的真理概念。这个真理需要结构和形式,需要对过去、现在和未来做出明确区分,需要对神话和历史、传说和真实性进行区分,对历史学家来说,这是标志性的进步。但是真正的历史意识,即对历史进行结构化的意识直到 18 世纪才出现,并在维柯和赫尔德的

---

① José Ortegay Gasset, *History as a System*, *Philosophy and History*, *Essays Presented to Ernst Cassirer*, edited by Raymond Klibansky and A. J. Paton, Harper & Row, Publishers, New York,1936,p.305.
② José Ortegay Gasset, *History as a System*, *Philosophy and History*, *Essays Presented to Ernst Cassirer*, edited by Raymond Klibansky and A. J. Paton, Harper & Row, Publishers, New York,1936,p.313.
③ [德]卡西尔:《人论》,第 272 页。

著作中第一次臻于成熟。卡西尔认为,形式和结构是对事实进行分类整理和组织的工具,而"历史学本身如果没有一个普遍的结构框架,就会在无限大量的无条理的事实面前不知所措,因为只有借助于这种普遍的结构框架,它才能对这些事实进行分类、整理和组织"。① 文化是一种体系,尽管这种体系并非由同一种质料构成,也不存在着同一种性质,但它们至少会有同一的结构。而"这种结构的同一性———一种形式的同一性而非质料的同一性———历来都是伟大的历史学家们所强调的"。②

但卡西尔看待历史的方式是辩证的,正确的历史观应是将历史和哲学结合起来,在依靠哲学建构的同时,保有历史鲜活的特色。他赞赏 18 世纪启蒙时代的"哲学的历史编纂学",因为它"从来没有使历史写作单方面地依赖于哲学的建构力量,而企图直接从历史、从生动丰富的历史细节中引出新的哲学问题。以这种方式发端的观点的变化在力量和范围上稳步地发展,且证明对于哲学和历史都是富有成效的"。③ 卡西尔举 18 世纪历史学家培尔的历史方法论为例,说明了历史和哲学的统一的重要性和可行性。培尔接受了笛卡尔的哲学思想———笛卡尔不承认单纯的事实的真正确定性,因为和逻辑、数学和精密科学相比,前者无法还原为可确证的公理,因此笛

---

① [德]卡西尔:《人论》,第 109 页。
② [德]卡西尔:《人论》,第 271 页。
③ [德]卡西尔:《启蒙哲学》,顾伟铭译,山东人民出版社 1988 年版,第 186 页。

卡尔对历史持否定态度。培尔接受了笛卡尔的怀疑方法论，但是他的怀疑论并不针对历史，而是希冀利用这种怀疑来发现真理。对此，他从两个方面对历史所建立的基础做了批判。一方面，他"不再把历史建立在他在《圣经》或教会学说中发现的某些武断的客观内容的基础之上，而是转向历史真理的主观起源和条件"①。历史的真理不是信仰，因为信仰的传统来自教会和《圣经》的权威性，而这种权威性只能用逻辑上的循环论而非事实的真理来担保。另一方面，他并不否定事实本身，反而将"正确确立的事实"作为其科学学说的"阿基米德点"。那么，培尔如何保证事实的正确性呢？首先，他排除了对事物的形而上学的认知方式，即如达朗贝尔所说的"形而上学必定或者是关于事实的学科，或者必然是关于幻觉的学科"②，从而摒弃关于事物之最初的、绝对的根据的知识；继而，他求诸现象学的方法，即"综观现象本身，并在现象领域内区分确定和不确定，或然或谬误"。③ 通过运用怀疑而发现真理的方式，达到了历史的确定性。此外，培尔认识到历史学科不等同于哲学学科，各种概念没有高低之分，也没有一个概念是从另一个概念中演绎而来的，一切历史事实之间不存在价值和意义的区别。历史知识也不同于数学知识，它需要的是

---

① ［德］卡西尔：《启蒙哲学》，顾伟铭译，山东人民出版社 1988 年版，第 192 页。
② ［德］卡西尔：《启蒙哲学》，顾伟铭译，山东人民出版社 1988 年版，第 187 页。
③ ［德］卡西尔：《启蒙哲学》，顾伟铭译，山东人民出版社 1988 年版，第 187 页。

另一种确定性,"历史知识的确定性是能在自身中不断地改进的。"①培尔的历史编纂学和古代的历史编纂学不同的地方在于,后者无法在纷繁复杂的历史事实中建立联系,从而无法体现出内在的秩序。结果要么陷入细节中无法自拔,要么只满足于对历史勾画出大致的轮廓;而培尔重视细节,并不害怕别人指责他沉浸于细节中,但是他从注重支离破碎的细节的危险中导出了一个新的观点,即"事实的真理"。这种真理观不是建立在实体上,而是建立在条件、功能、实践之上。他"不再把个别事实视为历史学家用以建造自己大厦的坚固砖石,而是津津乐道于为获得这些砖石而必须从事的思想劳动。他以无与伦比的敏锐的分析艺术,无比清晰地剖析了所有关于事实的判断赖以建立的复杂条件。……因为'事实'不再是历史知识的开端,相反,从某种意义上来说,它是历史知识的终结,是历史知识'所趋向的点',而不是'由此出发的点'。培尔把事实视为自己的目标而非出发点,企图为达到'事实的真理'开辟道路"②。这种方式正是符号形式的研究方法,即将直观和概念结合,符号既有形式的承载和能动性,又有意义的包孕性特征。这一历史观不是从形而上学的恒定本质出发,也不是从某种抽象的概念出发,而是从现象学的直观出发,既保证了真理的确定性,又具有时间的流动性、功能的不断变化性和

---

① [德]卡西尔:《启蒙哲学》,顾伟铭译,山东人民出版社 1988 年版,第 189 页。
② [德]卡西尔:《启蒙哲学》,顾伟铭译,山东人民出版社 1988 年版,第 190 页。

意义的生成性。

毋庸置疑,卡西尔用形式方法建筑了一个坚固的人类文化之宇宙,他在著作中反复标举洪堡在确定语言结构、沃尔夫林和瓦尔堡在确定艺术结构中的贡献,盖由于他们都在各自的文化中建构出认识和掌握此文化内部结构的逻辑原则,即语言和艺术的结构图式。但是总体来说,我们在卡西尔的思想中看到的,不是一个确定的、各种文化可囊括在内的固定的规则,而是一种功能化的文化形式结构,这在历史观中也不例外。如果说上述培尔的理论注重历史和哲学、事实和逻辑的结合,那么孟德斯鸠的理论则更倾向于寻找结构和方法,即在无垠而参差驳杂的法律和风俗中建立一种普遍性原则,从而使个别情况服从这个原则。卡西尔认为这种原则是一种"理想典型",它是原型和范型,所有的具体的政府形式(共和制、贵族制和君主制等)都是这一原型形式的表征。孟德斯鸠的这种方法构建了如下的学说:"构成某一国家的所有因素处于严格的相互联系之中。它们不仅是诸因素的总和,而且是其相互作用依赖于整体的形式的独立力量。在最细微的细节中也能表现出这种相互作用和结构排列的存在。教育和司法的类型、婚姻和家庭的形式,内外政策的整个结构,均以某种方法依赖于国家的基本形式。"[①]这一"理想典型"是偏于静态的,表现为原则和典型的形式,是各种经验材料得以解释的范式,但不包含揭示整体功能的手段。18世纪另一启蒙思想家伏

---

① [德]卡西尔:《启蒙哲学》,顾伟铭译,山东人民出版社1988年版,第196页。

尔泰的历史观则是用历史来表达"时代精神"和"民族精神",他秉承人类文明进步的思想,对人类文明的进步中的各种因素的内在关系感兴趣。他认为,"历史的真正对象是精神的真相,而不是关于永远被歪曲的事实的故事。"[1]伏尔泰的任务是在大量的自相矛盾的细枝末节中找到一条最重要和最确凿的事实,"以便读者能自己判断人类精神的毁灭、复兴和进步,使它能通过各民族的风俗来认识他们。"[2]

18世纪的历史观发展从莱布尼茨、莱辛发展到赫尔德,进入到了最终的决定性的一步。赫尔德在几个方面达到了18世纪历史研究的最高成就,用卡西尔的话表述,就是"他的成就可谓前无古人,后无来者"。[3] 赫尔德强调历史研究的统一性,但是这种统一性并非不顾历史的丰富性价值。每一段历史都是独一无二的存在,它不断创造和生成。所以赫尔德的统一性不是抽象的同一,而是与差异性、丰富性和功能性并存的统一。此外,卡西尔认为赫尔德的历史观超出了启蒙时代其他历史学家,其原因在于这种历史观是运动、变化的,是通过新旧事物的交替而达到目的的。卡西尔指出:赫尔德摒弃"哲学家规定的那种绝对的、独立的、不变的幸福的梦境。人性不是这种幸福的容器。……天意并不寻求单调和一致,

---

[1] [德]卡西尔:《启蒙哲学》,顾伟铭译,山东人民出版社1988年版,第201页。

[2] [德]卡西尔:《启蒙哲学》,顾伟铭译,山东人民出版社1988年版,第201页。

[3] [德]卡西尔:《启蒙哲学》,顾伟铭译,山东人民出版社1988年版,第213页。

而企求通过变化,通过新力量的不断产生和旧力量的消灭而达到它的目标。……赫尔德对启蒙运动的征服是一种真正的自我征服"。①

二、历史中的"构形"

我们已经知道,卡西尔对构形的原则十分重视。构形即用形式来规范和组织经验以便使其成为人类的认识对象。构形的原则不仅体现在语言、神话和艺术中,也体现在历史之中。在对历史的阐释中,卡西尔认为,回忆是一种构造活动,历史上的文化成果并非给予的,而是人类构建的。历史的发生和人类对它的重建是一种反方向的过程,这是因为我们要找到历史的结构和逻辑。而人具有使思想客观化并形成坚固的形态的能力,这其实就是一种构形活动,它是人所拥有的非常重要的能力,否则他无法生活在人类世界的宇宙之中,也无法交流。卡西尔指出:"伟大历史学家们的才能正是在于:把所有单纯的事实都归溯到它们的生成(fieri),把所有的结果都归溯到过程,把所有静态的事物或制度都归溯到它们的创造性活力。"②"历史就是力图把所有这些零乱的东西、把过去的杂乱无章的枝梢末节熔合在一起,综合起来铸成新的形态。"③

---

① [德]卡西尔:《启蒙哲学》,顾伟铭译,山东人民出版社1988年版,第215页。
② [德]卡西尔:《人论》,第292页。
③ [德]卡西尔:《人论》,第279页。

可见,历史是人类思想对过去所发生事件的形式化的重构。

历史需要从事实开始,但是历史的真实未必就是"与事实相一致"。"事实"指的是直接的感觉材料,即客观对象。而在历史中,往往指过去所发生的真实事件和经历。因此,"事实"往往是与"真实"(truth)相提并论的,而这种真实表现为对过去经历的复写和摹仿。但是卡西尔对此提出疑问,历史是由人所经历和创造的,因此,"一切事实的真实都包含着理论的真实。当我们说到事实时我们并不只是指我们直接的感觉材料,我们是在思考着经验的也就是说客观的事实。"①那么这种客观的事实与一般感觉材料的事实有什么区别呢?"这种客观性不是被给予的,而总是包含着一种活动和一种复杂的判断过程。因此,如果我们想要认识各种科学的事实——物理学的事实,生物学的事实,历史的事实——之间的区别,我们就必须以对判断力的分析开始。我们必须研究这些事实赖以被理解的诸知识形态。"②可见,这种"客观性"的特点可以表述为:非给予性、非直接性、活动性和先验性,即我们对历史事实的理解应诉诸对历史经验得以产生的范畴和结构的理解,它是历史事实得以生成的条件。

卡西尔进一步指出物理事实和历史事实之间的差异。前者"是靠观察和实验来确定的"③,它的重要特点就是直接性和当下性,一个物理事实是依靠因果律而与其他可直接观察或

---

① [德]卡西尔:《人论》,第273页。
② [德]卡西尔:《人论》,第273页。
③ [德]卡西尔:《人论》,第274页。

可直接测量的现象相联系的。而历史事实则恰恰相反,它是间接的、符号性的、指向过去的,"我们不可能重建它,不可能在一种纯物理的客观的意义上使它再生。我们所能做的一切就是'回忆'它——给它一种新的理想的存在。理想的重建,而不是经验的观察——乃是历史知识的第一步。"[①]尽管像科学家一样,历史学家也生活在物理世界之中,但是他所发现和研究的不是物理对象的世界,而是符号世界。首先,他所面对的是文字、图片、人类活动的轨迹等文化材料,它们作为符号和媒介,使历史学家通向了探究过去历史事件的道路。其次,在对符号进行考证、分析和梳理的过程中,历史学家所进行的是一个判断的过程而不是一个科学的过程,它是将个人理解和符号材料相互印证的过程,因而也是一种解释学过程,产生的是解释学的"效果历史"。其中包括大量建构、生成和再生的因素,在这一过程中,历史学家所认知和建构的理想化的历史和"真实"的历史并不相同。第三,历史作为文化符号不同于单纯的物理材料,它包含着丰富而多重的意义。卡西尔曾为此讲述了一个考古学发现:

> 大约三十五年以前,一件古埃及的抄本在埃及一所房子的废墟下被发现。这份抄本上有一些铭刻文字,似乎是一个律师或公证人关于他的事务的记录——遗嘱的草稿,法律的合同,等等。直到这时为止,这份抄本只属于物质世界,它不具有历史的意义,而且可以说,不具有

---

① [德]卡西尔:《人论》,第275页。

历史的存在。但是,当这最初的抄本经过仔细的考察以后能够被认出是直到当时为止还不为人知的米南德喜剧的四个残篇时,它的第二内容就被发现了:从这一刻起,这个抄本的性质和意义完全改变了。这里不再是一个纯粹的"物质碎片",这份抄本已经成了具有最高价值和重要性的历史文献。它证明了希腊文学发展上的一个重要阶段。然而这种意义并不是显而易见的。这个抄本必须受到各式各样的批判检验,接受语言学的、文体学的、文学的以及美学的仔细分析。在这种复杂的过程以后,它不再是一个单纯的事物了,而是充满着意义。它已经成了一个符号,而这个符号使我们对希腊文化——希腊的生活和希腊的诗歌——有了新的认识。①

从这一表述我们可以得出结论,一个资料是属于物质世界还是属于历史世界,这需要一个转换的过程。当这个资料没有被解读的时候,它属于物质世界。但一当它被解读的时候——当然这种解读必须包括一个过程,这其中包含了意义,荷载着过去的生活经验,它就脱离了单纯物的世界,进入到了语言学、文体学、文学和美学的世界中,从而成为具有意义的符号。而正是以这个符号为媒介,我们对希腊的生活和希腊的诗歌有了更深入的理解和认识。事实上,在对文化形式的解读中,卡西尔超越了康德主义和新康德主义的认识论,将经验、感受、交流、语境、视界等维度引入到历史研究之中,在更

---

① [德]卡西尔:《人论》,第 276 页。

宽广的视域内将符号形式哲学与解释学、现象学和生命哲学联系起来,使其获得了更加旺盛的生命力和更大限度的可能性。

三、历史中的符号解释学

历史学和物理学不同,前者揭示了人类生活和人类文化的以往阶段,而后者则是以揭示物理状态为目的。尽管历史学家的研究也是从物理痕迹开始,但是和科学家不同的是,前者将物理痕迹作为最初的准备性工作,历史学家是"在这种现实的、经验的重建之外又加上了一种符号的重建"。① 那么如何进行这种符号的重建呢? 卡西尔接着说:"历史学家必须学会阅读和解释他的各种文献和遗迹——不是把它们仅仅当作过去的死东西,而是看作来自以往的活生生的信息,这些信息在用它们自己的语言向我们说话。然而,这些信息的符号内容并不是直接可观察的。使它们开口说话并使我们能理解它们的语言正是语言学家、语文文献学家以及历史学家的工作。历史学家与地质学家或古生物学家的工作之间的基本区别,不是在于历史思想的逻辑结构,而是在于这个特殊的任务、特殊的使命。如果历史学家未能译解他的文献的符号语言的话,历史对他就仍然是一部天书。"②因此,对经验和现实材料进行"解读"并从中析出意义是历史学家进行符号重建的价值

---

① [德]卡西尔:《人论》,第278页。
② [德]卡西尔:《人论》,第278—279页。

所在,他们不是如古董商一样仅仅收集和保存旧时代的遗迹,而是要在这些遗迹中找寻"旧时代精神的物化",即遗迹和痕迹是古代精神的客观化,古代人的思想、情感、文化等都在痕迹中保存下来,这些痕迹可能是法律和法令、宪章和法案,也可能是社会制度和政治机构,抑或是宗教习俗和仪式,它们作为精神物化的痕迹等待着后世进行意义的开启。历史学家可以在这些物化形式中找到共同的精神。因此,"在某种意义上说,历史学家与其说是一个科学家不如说是一个语言学家。不过他不仅仅研究人类的口语和书写语,而且力图探究各种一切各不相同的符号惯用语的意义。他不仅在各种书本、年鉴或传记中寻找他的文章内容,而且必须读解象形文字或楔形文字,考察一块帆布的颜色、大理石或青铜的雕像、大教堂或庙宇、硬币或珠宝。"①因此卡西尔的历史观已经明显荷载着伽达默尔解释学的指向,并具有了图像学的意义——图像的解读不仅针对于形式,更是针对于符号意义和文化价值。德国图像学家潘诺夫斯基曾对图像的表征层次做过深入的研究,但他的研究注重文化、历史和习俗在图像的表层到深层转换中所承担的价值。他在《图像学研究》一书中曾探讨了图像认知和阐释的三个层次的关系:第一层,前图示法描述,这是图像的形式层,表现出第一性或自然的主题,我们眼中是对象的形体、容貌和衣着的颜色等;第二层则进入了文化的意义和观念之中,这是第二性或程式主题,是一种图示法阐释;第三层则是内在意义或内容的表征层面。除了呈现形式和传达一

---

① [德]卡西尔:《人论》,第279页。

定的约定俗称的内容外,借助这一层面,我们可以透视到主体的人格要素、哲学或其他人文的症候。借此从而进入了图像学世界,具有文化的象征价值。因此,图像中的符号是精神的对象化和客观化,分析、判断、解读和重建既是历史学家的任务,也是图像学家的任务。

卡西尔认为,在历史哲学的近代奠基者之中,赫尔德最为清晰地洞察到了历史的符号形式性。他的著作不只是回忆,更是过去的复活和重建。歌德曾对赫尔德赞赏有加,认为他的清扫法"不仅仅只是从垃圾中淘出金子,而是使垃圾本身再生为活的作物"。[①]这就是赫尔德所开拓的新历史观,这种历史观不停留于经验和现实层面观照历史,而是"使人的道德、宗教和文化生活的一切断篇残迹都能雄辩地说话",[②]从而展现出强大的符号解读能力,这一能力将一切无序的东西组成有序的,将无形式的东西组成有形式的。"历史的事实与物理的事实并不属于同一类型。……他们的文献和记录并不是单纯物理的事物,而是必须作为符号来阅读的。另一方面,十分清楚,每个符号——一座建筑物、一件艺术品、一项宗教仪式——都有它的物质方面。人类世界并不是一个独立不倚的存在或自行其是的实在。人生活在物理环境之中,这环境不断地影响着他并把它们的烙印打在人的一切生活形式之上。为了理解人的创造物——他的'符号的宇宙'——我们必须牢

---

① [德]卡西尔:《人论》,第280页。
② [德]卡西尔:《人论》,第280页。

牢记住这种影响。"①这一历史观也正是卡西尔所推崇和赞赏的,即人的本质和文化的本质不应该从经验事实和内容中去寻找,而是应该从结构和功能中去寻找,不应该满足于获得构成知识的事实材料,而要力图建立知识和文化的形式和结构。

在第二章的符号形式的特征中,我们谈到了"符号性包孕"(Symbolic pregnance)这一概念及其性质。而这一特征在历史哲学中也体现出来。在历史中,过去和未来是两个互渗的部分,尽管历史学家所能做的是解释过去而非预告未来,"但是人类生活乃是一个有机体,在它之中所有的成分都是互相包含互相解释的。因此对过去的新的理解同时也就给予我们对未来的新的展望,而这种展望反过来成了推动理智生活和社会生活的一种动力。"②这与柏格森对生命的理解是一致的,生命不同于其他存在的主要特点就是绵延(duration)和流动,存在总是从一种状态过渡到另一种状态,"我说我确实在变化。但在我看来,这变化存在于从一种状态到下一种状态之间的过渡中:对于每个分割出来的状态,我往往会认为,在它作为当前状态的全部时间里,它始终如一。然而,只要稍加注意,我就会发现,在每个瞬间里,所有的感情、意念和意志都在发生变化;倘若一个精神状态停止了变动,其绵延也就不再流动了。"③因此,历史的符号性包孕的特征正体现为生命的意蕴,它回顾过去,也是展望未来,而这个展望则要从现在出发,

---

① [德]卡西尔:《人论》,第318—319页。
② [德]卡西尔:《人论》,第280页。
③ [法]柏格森:《创造进化论》,肖聿译,华夏出版社1999年版,第8页。

因为"人如果不意识到他现在的状况和他过去的局限,他就不可能塑造未来的形式。正如莱布尼茨常说的:后退才能跳得高(on recéde pour mieux sauter)"①。因此卡西尔指出,我们的历史意识是"对立面的统一",这是由文化的连续性和时间的绵延性决定的,它将时间的过去和未来的相反两极连接起来,从而感受到文化的连续性。

这种统一性和连续性在其他智性领域是如何展现出来的呢?在数学史、科学史和哲学史中如何呈现一个人或事件?卡西尔认为这是用"阐释"来达到的,伟大思想家和他的理论必须得到阐释,而阐释是重构和重建的过程,因为阐释由于不同的人、时代、环境和立场有所不同,而有时正是由于这些多面性的解释,才为我们呈现出一个多角度的、具有理论深度的历史。卡西尔认为,历史上最有启发力的就是关于苏格拉底形象的变化:"我们有色诺芬和柏拉图笔下的苏格拉底,也有斯多葛派的、怀疑派的、神秘主义派的、唯理论派的和浪漫派的苏格拉底。它们都是完全不一样的。然而它们都不是不真实的;它们每一个都使我们看见了一个新的方面,看到了历史上的苏格拉底及其理智和道德面貌的一个独特的方面。柏拉图在苏格拉底身上看到了伟大的辩证法家和伟大的伦理导师;蒙台涅则看见了承认自己无知的反独断论的哲学家;弗里德里希·施莱格尔与浪漫派思想家们则强调苏格拉底的反讽。"②后世对柏拉图的解读也是如此,"我们有一个神秘主义

---

① [德]卡西尔:《人论》,第282页。
② [德]卡西尔:《人论》,第283页。

的柏拉图——奥古斯丁和马尔西利奥·斐奇诺的柏拉图;一个理性主义的柏拉图——门德尔松(Moses Mendelssohn)的柏拉图;而不太久以前我们又得到一个康德式的柏拉图。"[1]这种做法的积极意义在于使得对柏拉图的理解成为一个意义系统,每个人对柏拉图的理解都构成了这个整体的有机组成部分。因此康德在《纯粹理性批判》中谈到柏拉图时指出:"不论是在通常的谈话中还是在文章中,通过对一个作者关于他的对象所表明的那些思想加以比较,甚至就能比他理解自己还要更好地理解他,这根本不是什么奇谈怪论,因为他并不曾充分规定他的概念,因而有时谈话乃至于思考都违背了自己的本意。"[2]所谓"不曾充分规定他的概念",可以理解为学者本人往往无法充分地将自己的思想概念化和形式化。而正是经由其他思想家的解释所汇构而成的意义系统,才能将研究对象的规定性呈现出来。哲学史中第一个提出某概念的人反而无法很好地解释该概念。"因为一个哲学的概念一般说来更多地是一个问题,而不是对一个问题的解决——而这个问题只要还处在它最初的潜在状态时,它的全部意义就不可能为人们所理解。为了使人们理解它的真正的意义,它就必须成为明显的,而这种从潜在到明显状态的转变则是未来的工作。"[3]从潜在到明确、从混沌到有序、从无形式到有形式的过程,也是

---

[1] [德]卡西尔:《人论》,第283页。
[2] [德]康德:《纯粹理性批判》,邓晓芒译,杨祖陶校,人民出版社2004年版,第270页。
[3] [德]卡西尔:《人论》,第284页。

历史学家重新建构历史的过程。在这一过程中,组织、阐释、修正的活动都是必不可少的。所以卡西尔认为,如果一个历史学家不满足做一个编年史学者,那么他所做的是"在历史人物的数不清的而且常常是自相矛盾的言论的背后发现统一性"。①这种统一性的建构需要"历史的眼光",而"一种真正的历史眼光如果没有一个不断修正的过程也是达不到的"。②

四、历史秩序中的生命存在

卡西尔指出,历史学和物理学不同,前者只需将事实安排在空间、时间和因果秩序中就得到了说明,它的规定性也得到了解决。而历史学的秩序则是更高层的秩序,历史学家除了按照时间、空间和因果的秩序来书写和解释历史事件外,对人的生命力的理解也是历史研究不可缺少的因素,而这种生命力是从活生生的事实而来的,是偶然性和个体性。帕斯卡尔在《思想录》中说:"克利奥巴特拉的鼻子,如果它生得短一些,那么整个大地的面貌都会改观。"③这句话正表明了历史中的偶然、经验和不确定因素。卡西尔指出,"理解人类的生命力乃是历史知识的一般主题和最终目的。在历史中,我们把人的一切工作、一切业绩都看成是他的生命力的沉淀,并且想要把它们重组成这种原初的状态——我们想要理解和感受产生

---

① [德]卡西尔:《人论》,第285页。
② [德]卡西尔:《人论》,第285页。
③ [法]帕斯卡尔:《思想录》,何兆武译,商务印书馆1986年版,第79页。

它们的那种生命力。"①

人类的生命是短暂的,人在生存的过程中时刻希望表达对生命的感受,而这种表达往往通过多种方式传递出来。柏拉图认为人都有不朽的希冀和冲动——身体方面生殖力旺盛的人希望用生儿育女而得到名字的久传和生命的不朽,而心灵方面生殖力旺盛的人,希望用作品来达到灵魂的不朽。"凡是在身体方面生殖力旺盛的人都宁愿接近女人,他们的爱的方式是求生育子女,因此使自己得到不朽,得到名字的久传,而且依他们自己想,得到后世无穷的福气。但是凡是在心灵方面生殖力旺盛的人……长于孕育心灵所特宜孕育的东西。"②所以,卡西尔认为,无论从原始的神话阶段,还是在人类较高的文明阶段,人们往往在短暂的生命中寻找对抗变化的秩序。事实上,"秩序感"是人类和生物界共同追求的特性。自原始社会开始,人类就用生产活动的成果表达对空间秩序的感知和追求。原始人出于对混沌、无限、恐怖的现象世界的三维空间的克服,创造出平板、二度的抽象装饰图案,以求得"从思想和视觉印象的混沌和紊乱的状态中解脱出来,……把现象无限的相对性重塑为恒定的绝对价值"。③ 这种绝对价值也应理解为人对宇宙和人类世界终极秩序的追求。在古希腊

---

① [德]卡西尔:《人论》,第287页。
② [古希腊]柏拉图:《会饮篇》,出自《柏拉图文艺对话集》,朱光潜译,商务印书馆2013年版,第246页。
③ [德]沃林格尔:《哥特形式论》,张坚、周刚译,中国美术学院出版社2004年版,第17页。

的哲学中,人对宇宙本体的孜孜不倦的探求即体现在对秩序的认知上。从词源学角度来说,"宇宙"(cosmos)一词最初在古希腊的语言中就有排列、秩序、运筹和调配之意。在希腊语中,"宇宙"意为"活跃的及物动词 kosmeo,有按顺序排列、编组、安排的意思。……不仅仅是形式的安排,而且是一种令人愉悦的视觉效果:将事物按照正确的顺序设置,保持或放回原处。它有一种明显的美学成分,……在希腊语中,宇宙与美的亲和力是显而易见的,因为 kosmos 所表示的是一种精心制作,组合,美丽和增强秩序。"[1]古希腊人相信有一个系统存在,所以将从小就使用的这个词汇赋予一种物理的应用,用它作为一个由地球、月亮、太阳、恒星组成的物理系统的名称。在柏拉图的《蒂迈欧篇》中,当创造者发现整个可见的世界不是静止的,而是处于紊乱无序的运动中时,"他就想到有序无论如何要比无序好,即把它从无序变成有序。"[2]而在亚里士多德的《形而上学》中,美的最高形式被界定为"秩序、对称和确定性",[3]它们从属于总体性的规范,而秩序,居三者之首,可见其地位之高。秩序感和总体性是密不可分的,它们都是在洞察本质的基础上进行的,即一切事物都从属于它的那个本质。"人开始在他本身中发现一种新的力量,靠着这种力量他敢于

---

[1] Gregory Vlastos, *Plato's Universe*, Clarendon Press·Oxford, 1975, p.3.
[2] [古希腊]柏拉图:《蒂迈欧篇》,《柏拉图全集》(第三卷),人民出版社 2003 年版,第 281 页。
[3] [古希腊]亚里士多德:《形而上学》,《亚里士多德全集》(第七卷),苗力田译,中国人民大学出版社 2015 年版,第 296 页。

向时间的力量挑战。他超脱出单纯变化着的事物,致力于使人类生命永垂不朽。"[1]而宗教、艺术、历史和哲学就是人对死亡反抗的秩序化和形式化的产物,人靠着这种力量而对时间和偶然进行挑战。"埃及金字塔似乎就是为追求永恒而建的。伟大的艺术家们把他们的作品看成和说成是永恒的纪念碑。他们自信他们已经竖立了一个不会因岁月的流逝朝代的变迁而毁灭的纪念碑。"[2]秩序代表着世界的可控性和恒定性,它脱离了混沌和紊乱状态,体现了人类对终极价值的追求。考察原始艺术可以发现,几何形、立体形和连续的重复符号占有重要地位,这是因为,"他们(原始人)对生命感到迷惑和震惊,于是,在无生命中寻找到避难所,因为生命永远不息的躁动得以消退,一种持续的稳定感产生出来。艺术的创造对他意味着回避生命及其武断性,意味着超越于外在世界的一个稳定世界的直觉性建构。……几何形不仅提供给他一种装饰与游戏的快乐,而且还包括象征性的绝对价值的展示。"[3]这一观点与贡布里希所提出的艺术和技巧(装饰)的产生根源是一致的,即人类在变动不居的经验世界寻找系统和永恒的需求,"在人类文化中,要达到抗拒变化、保持现状的目的,首先需要的就是技巧。物品会衰败、毁坏,但手工艺人可以创造出能够继续存在的代替品,……(这)证明了人类有着力图征服自然,尽可

---

[1] [德]卡西尔:《人论》,第290页。
[2] [德]卡西尔:《人论》,第290页。
[3] [德]沃林格尔:《哥特形式论》,张坚、周刚译,中国美术学院出版社2004年版,第18—19页。

能胜过一切的强烈愿望。"①而无论是生命感还是对永恒绝对的追求,都是人类秩序感的来源之一,也是人作为有机体亘古不绝的人性和文化需要。

因此,历史学研究与其他文化形式一样,既有对恒定的结构秩序的追求,也具有时间性、流动性和包孕性的内蕴,二者都与生命状态紧密相连。所以卡西尔认为,应该从解释学去考虑历史,否则会出现无法解决的矛盾——历史的特殊性和普遍性、决定论和非决定论、因果性与自由性。历史并非纯粹的科学,它不仅要发现新的事件,而且要把这些事件看作一些符号,它们蕴含着人的活动的内在特性和意义,因而还要把这些隐藏的意义揭示出来。历史需要不断地解释和重建才能构建它们的实在性,因为"它们(历史)的实在是符号的,不是物理的"。②卡西尔又一次指出了物理实在和符号实在的不同,前者可以通过它的物理惯性而保持其现存状态,只要它没有被外来力量所改变或毁灭,它就会保持它的原来性质,因为它们是独立的,可以脱离人而存在的。而后者是人的精神对象化的产物,它容易遭受损伤,而且永远受到意义丧失的威胁,它不断地要求解释和再解释,因为作为历史是存在于人的回忆之中的,而且这种回忆是连续和绵延的。卡西尔认为:"历史学的伟大任务正是从这里开始。"③

---

① [英]贡布里希:《秩序感——装饰艺术的心理学研究》,杨思梁等译,浙江摄影出版社1987年版,第295页。
② [德]卡西尔:《人论》,第291页。
③ [德]卡西尔:《人论》,第291页。

所以,历史是回忆,而回忆又是构造的活动。卡西尔指出,早在皮科时代之前,库萨的尼古拉斯就把人与上帝的相似性理解为"动态对应关系"(dynamic correspondence)。换句话说,人不仅仅是上帝的拙劣复制品,而且还是一个模仿上帝的艺术——创造生命的艺术。[①]所以卡西尔竭力反对在历史研究中将普遍性和个别性分开,因为"一个判断总是这两个要素的综合统一——它包含着一个普遍性的成分和一个特殊性的成分。这些成分不是彼此对立的,而是互相包含互相渗透的"。[②]"普遍性"指的是对思想的功能之真正品性的表达,因为思想总是普遍的;而无论是历史科学和其他科学,都必须面对"此时此地"的特殊事物的描述。柏格森也对范畴和感性有如下的理解:"在我们看来,知识理论和生命理论是不可分割的。一种生命理论若不伴之以对知识的批判,它(实际上)就不得不接受理解力任意提出的概念;无论它是否愿意,它都只能将事先存在的框架套在事实上,而那些框架被它看作终极原则。因此,它就获得了一套象征手法:尽管这些手法十分方便,甚至也许对于绝对科学是不可或缺的,却仍然不是对其对象直接观察。另一方面,一种理论若是没有恢复智力在生命总体进化中应有的地位,那它就既不能告诉我们构成知识的

[①] Enno Rudolph, *Symbol and History: Ernst Cassirer's Critique of the Philosophy of History*. Edited by Jeefrey Andren Barash, *The Symbolic Construction of Reality: The Legacy of Ernst Cassirer*, The University of Chicago Press, Chicago and London, 2008, p.6.
[②] [德]卡西尔:《人论》,第293页。

框架,也不能告诉我们如何去扩展这些框架,超越这些框架。知识理论和生命理论这两种探索必须互相结合,必须通过循环往复的过程,不断地互相推动。"①

而在历史研究中,有些历史学家往往追求普遍性而忘却了个人的生活,忽视了个人经验的作用。事实上,历史是个人经验的沉淀,缺失它,"就不可能观看也不可能判断其他人的经验。在艺术的领域里,如果没有丰富的个人经验就无法写出一部艺术史"。②所以,卡西尔对历史的理解是建立在普遍性和个别性相结合的基础之上的。通过普遍性的统一、逻辑功能,历史从零碎和混乱的无形式中抽离出来,获得了客观化和秩序化;但是同时,历史是人所创造的,它不能脱离个体的人的生命、生活而存在,因此卡西尔强调生命的流动、变化和绵延的特征,这二者缺一不可。但是同时,我们也注意到卡西尔深受康德的"共通感"的影响,将对历史的个别性的理解上升到对感性共通感的理解,上升到人的存在的普遍化层面理解。但是这个普遍性不是理性的普遍性,而是经验和感性的普遍性,抑或是审美的普遍性。所以,卡西尔在论述历史的时候,注重的是生命感和符号性包孕的特征,是时间的流动性和互渗性给历史带来的"人性"特征。但是卡西尔也特别强调指出:"一个人如果不是一个系统的思想家就不可能给我们提供一部哲学史。在历史真理的客观性和历史学家的主观性之间

---

① [法]柏格森:《创造进化论》,肖聿译,华夏出版社1999年版,第5页。
② [德]卡西尔:《人论》,第293页。

的表面对立必须以不同的方式来解决。"[1]可见,卡西尔力图在客观性和主观性之间保持平衡。因此,通过以上种种,卡西尔指出:"历史世界是一个符号的宇宙,而不是一个物理的宇宙。"[2]历史通过回忆给予我们以理想性和完满性,它是"我们认识自我的一个研究方法,是建筑我们人类世界的一个必不可少的工具"。[3]

因此,历史研究不仅是将零散的历史内容秩序化、形式化的构形活动,而且注重生命的意蕴,即生成、变化的创造性和流动性。正因为有生命力,我们的文化才是建构而非给定,不是被动的接受,而是积极的参与和创造。人类只有通过不断的斗争才能从自己的无知、野蛮和恐惧中解放出来,才能"检验和证明自己的自由"。人类文化就是人的思想的客观化存在,也是人的一种永恒不懈的生命力。因此,从历史、科学、艺术、法律等,我们看到人的思想的形成和解放过程,人的智性的发展轨迹。因此,文化的一切形态都是符号,它是人的精神思想的客观化。正如克罗伊斯所言:"卡西尔的历史观是英雄式的,即人没有可以支配的历史,但人决不能纯粹是一个被动的旁观者。"[4]

---

[1] [德]卡西尔:《人论》,第293页。
[2] [德]卡西尔:《人论》,第318页。
[3] [德]卡西尔:《人论》,第325页。
[4] John Michael Krois, *Cassirer Symbolic Forms and History*, Yale University Press, New Haven and London, 1987, p.186.

第七章　作为符号形式的科学

科学是人类为了创造自己的宇宙而生成的另外一种重要的文化形式，也是卡西尔在《人论》中最后论述的符号形式。与其他形式相比，科学出现得最晚，但发展得最快速，它是"人的智力发展中的最后一步，并且可以被看成是人类文化最高最独特的成就"。[①] 在卡西尔所处的时代，科学的发展成果和材料已经异常丰富，卡西尔作为一位精通科学史的学者，对此的研究用时更长，用力更深。卡西尔早年师从柯亨研究认识论和科学哲学，与新康德主义的前辈一样，立足于康德的先验认识论，从先验逻辑入手发展康德的认识论，因此对科学的兴趣如同一条红线贯穿了卡西尔一生的写作。在写作《人论》之前，卡西尔有关科学哲学的著述已经相当丰富，如四卷本的《近代哲学和科学中的认识问题》（1906/1907/1920/1940）、《实体与功能》（1910）、《爱因斯坦相对论》（1921）、《符号形式的哲学》第三卷《知识现象学》（1929）、《现代物理学中的决定论和非决定论》（1936）等。可以说，卡西尔正是以自然科学问题为起点，逐渐将神话、语言、历史、艺术等学科纳入到自己的视界中来，形成了符号形式哲学体系。在《人论》中，卡西尔主

---

① ［德］卡西尔：《人论》，第326页。

要从科学与语言、神话之间的关系入手来探讨科学的特点,数如何成为符号形式的语言,以及化学、数学、物理等学科的符号功能性表现。

一、寻求秩序:科学的功能表现

"科学"(science)一词,源于拉丁文 scienta(知识),原意也指一般知识。现代意义的科学概念是近代的产物,它在古希腊时代的毕达哥拉斯学派、原子论者、柏拉图和亚里士多德之前尚不存在。文艺复兴时期科学被重新建立并发挥着巨大的影响力,人们取得了难以想象的科学成就,这种力量一直延续到现在。所以卡西尔说:"在我们现代世界中,再没有第二种力量可以与科学思想的力量相匹敌。它被看成是我们全部人类活动的顶点和极致,被看成是人类历史的最后篇章和人的哲学的最重要主题。"[1]

科学家必须尊重事实,并遵循和服从自然的规律,这是一个科学家完成目的的必要条件。但卡西尔指出,"这种服从并不是被动的服从。一切伟大的自然科学家如伽利略、牛顿、麦克斯韦尔、霍尔姆霍茨、普朗克和爱因斯坦,都不是从事单纯的事实搜集工作。"[2]科学的任务之一就是建构一个普遍的秩序世界,使人们运用概念系统去整理和规定杂多的感性材料,以期获得稳定和恒常的信念。无论神话、语言、艺术和

---

[1] [德]卡西尔:《人论》,第326页。
[2] [德]卡西尔:《人论》,第347页。

科学,都是人类在摆脱外界不安定的世界力求达到内在和外在平衡和稳定的方式。特别是科学,它给予人类以永恒世界的信念,在变动不居的世界中找到确定性和支撑点。人们从天体的运行、日月的升落和四季的稳定变换中获得了规律和秩序的最初认识,从而获得了最初的知识。卡西尔指出:"在古希腊语中,甚至连'科学'(episteme)这个词从词源学上说就是来源于一个意指坚固性和稳定性的词根。科学的进程导向一种稳定的平衡,导向我们的知觉和思想世界的稳定化和巩固化。"[1]

事实上,早在科学之前,神话和语言就已经对人的感觉印象进行整理,以形成一种有组织、有秩序而且具有明确结构的经验了。因此,对语言和神话的考察是阐释科学起源和发展的前提条件。克罗伊斯在深入研究卡西尔所论述的语言、神话和科学三者的关系后指出,"科学只能通过介于它和神话之间的符号形式——语言和技术来发展。从神话思维形式到科学思维形式的转变并不是通过一种思维形式与另一种思维形式的稳定发展,也不是基于一个简单的决定。它需要通过其他形式的文化来改变观念。从神话信仰到批判信仰的转变不是偶然的。它必然遵循一条贯穿语言和技术活动的路径。没有这些符号形式,思想就无法超越神话。"[2]在史前时代,由于没有文字,语词交流的方式为口头语言,知识只能存储在个

---

[1] [德]卡西尔:《人论》,第327页。
[2] John Michael Krois, *Cassirer Symbolic Forms and History*, Yale University Press, New Haven and London, 1987, p.96.

别人的记忆中。口头语言的首要功能是解释群体当下的状态和结构,尽管它们是流动的、不连贯的,不那么清晰的,但是我们也可以将其视为人类早期世界观和宇宙论的表达。口头传统往往将事物发生的原因与事物的开端联系在一起,对开端的关注和解释是早期人类对秩序和统一性需求的产物:"和置身于现代科学文化中的我们一样,史前人类显然也需要解释原则,从而给看似随机和混乱的事件之流带来秩序、统一性,尤其是意义。"①早期语言的解释原则恰好满足了人对秩序的渴望和追求,而这一追求也是科学功能的主要表现方式。卡西尔指出:"科学起源于一种思维形式,这种思维形式在能够自主地运作之前,不得不与那些最初的知识联系和区别一起工作,这些联系和区别最早表现和储存在语言和一般的语言概念中。但是,科学虽然把语言作为物质和基础,但同时也必须超越语言。一种新的'逻各斯'出现了,并且变得越来越清晰和独立,它由一种不同于嵌入语言概念的原则所指导和支配。除了这个标志,语言的产物似乎仅仅是障碍和壁垒,必须通过新原则的力量和特殊性逐步克服。对语言和语言思维形式的批判成为推动科学和哲学思想的重要组成部分。"②

此外,科学也开始于对简明性的追求,但是这种简明性和

---

① [美]戴维·林德伯格:《西方科学的起源》,张卜天译,商务印书馆2019年版,第10页。
② Ernst Cassirer, *The Philosophy of Symbolic Forms*, (Vol. 1), *Language*, Yale University Press, 1955, p.81.

抽象性并非一蹴而就,而是得益于神话和语言的逐渐发展。卡西尔认为,几乎所有的自然科学就不得不经历一个神话阶段,早期人类历史上,炼金术、占星术充满了神话和经验的性质,也包含了隐喻、寓意和象征,它们是化学和天文学的前身。精神分析学家荣格(Carl Gustav Jung)曾从心理学角度研究炼金术,声称"炼金术完全不涉及或至少在很大程度上并不涉及化学实验,而是可能涉及用伪化学言语表达的某种心灵过程"。[①]炼金术和占星术的世界是一个充满了人、神和自然在多个层次上互相交织的世界,在这个世界里,神学真理和自然真理可以彼此反映和阐明,对自然的研究和对神的研究相距不远。科学史家斯蒂芬·梅森(Stephen F. Mason)指出,希腊时期以前,美索不达米亚人的天文观测并没有和几何学联系起来,它们对于宇宙的空间特性等问题的看法是同科学分开的。起初他们"设想天和地是浮在水上的两个扁盘,不过后来则将天想象为半圆的天穹在水上,水则包围着地的扁盘。天穹上面是更多的水,水外面是诸神的住处。太阳和其他天体都是神,他们每天从自己的住处出来,在静止的天穹上描出有限的轨。诸神执掌着地上法神的事情,所以天体的运动被看作是诸神赋予世人规定的命运的种种朕兆"。[②] 这些和创世有关的学说是漫长的科学史的最初部分,是人类力图认识把握世界

[①] 转引自:[美]劳伦斯·普林西比:《炼金术的秘密》,张卜天译,商务印书馆2019年版,第151页。

[②] [英]斯蒂芬·F.梅森:《自然科学史》,周煦良、全增嘏等译,上海译文出版社1980年版,第10页。

的努力。而从占星术和炼金术向真正科学的发展需要超越之前的阶段,需要"引入一种新的尺度,一种不同的逻辑的真理标准,……新的秩序原则,新的理智解释形式"。[①]而非只是"靠对我们的普遍经验进行单纯的扩展、放大和增多"[②]。那么新的秩序原则和理智解释形式是什么呢？那就是"分类"(classifications)。分类是将对象归成同种类别的行为,分类的过程是人的基本认知过程,也是形成秩序的前提条件。这种分类最初是从语言开始的,语言中的命名活动正是"识别相像性并且通过名字的相似来表达现象的相似"。[③]命名也是确立概念的方式,那么概念是如何形成的？从逻辑学的角度来说,心智产生概念的过程可以表述为：首先,它将一定数量具有共同属性或在某些方面相同的对象汇集到思想中；其次,对它们进行抽象,排除掉差异；最后,再反思留下来的对象的相似之处,由此对象的一般概念便在意识中形成了。语言的概念也是如此,它通过对概念对象的共同属性的提炼和归并,将经验加以凝结。早期语言的分类没有严格的理论目的,在不同现象之间的每一表面上的相似性都可以用统一名称来表示。如一只蝴蝶被称为一只鸟,一条鲸被叫作一条鱼。因此,命名和分类是语言对世界进行把握和规定的重要途径,如福柯所说,"自然只是通过命名之网才被设定的——尽管没有这样的名词,自然就会保持沉默和不可见——自然在远离名词的那一头闪

---

① [德]卡西尔：《人论》,第328页。
② [德]卡西尔：《人论》,第328页。
③ [丹麦]奥托·叶斯柏森：《语言》。转引自[德]卡西尔：《人论》,第329页。

烁着,不停地在这张网的远侧呈现,不过,这张网又把自然呈现给我们的知识,并且只有当自然完整地被语言跨越时,才使自然成为可见的。"①

与语言分类遵循表面的相似性不同,科学概念的基本要求是普遍性和确定性。科学的分类并非任意的,而是遵循着一定的原则。它是人为的,体现了人将多样化、个别化的自然现象纳入到人类概念和普遍规律之下的努力,体现了人的主体性的成就和鲜明的精神印记。从而世界进入到宇宙的逻辑和有序的状态中,依照其本性进行运作。因此在科学分类中,"一套首尾一贯的系统的术语的创立绝不是科学的纯粹附加特征,而是它固有的不可缺少的成分之一。"②古希腊时期,亚里士多德把动物的等级划分为十一类或纲,同时把动植物看作是一大串生物链条中的不易觉察和连续无间的环节。18世纪,林奈针对名实对应混乱,出版了《植物哲学》(*Philosophia Botanica*),他依据传统的人为分类法则将已知的植物分为二十四个纲和目、属、种等不同的类别,并采用"双名制"给每一种植物命名,在某种意义上创立了新的植物术语。正是通过分类和命名,林奈在极端混乱中发现至高无上的自然秩序,使得事物有序地成为人所关注的对象,并建立了人和对象的功能性的符号联系,林奈说:"如果你不知道实物的名称,关于它

---

① [法]福柯:《词与物——人文科学考古学》,莫伟民译,上海三联书店2002年版,第213—214页。
② [德]卡西尔:《人论》,第330—331页。

们的知识就死亡了。"[1]19世纪,随着细胞学说和生物进化论的问世,使分类学步入了新的阶段。达尔文的进化论也是"对自然现象进行观察和分类的一种调节性原理"。[2] 与林奈的分类学相比,进化论"对有机生命的现象提供了更全面更首尾一致的概观"。[3] 列宁曾评价说:"达尔文推翻了那种把动植物种看作彼此毫无联系、偶然的、'神造的'、不变的东西的观点,第一次把生物学放在完全科学的基础上,确定了物种的变异性和承续性。"[4]

二、数:新的符号语言

由上可见,语言和科学的关系随着时代的发展并未中断,"语言中各种名称和最高的科学的各种名称可以看成是同一类本能的结果和产物。"[5]二者所不同的是,语言的名称和分类是无意识完成的事,而科学的分类过程是有意识地进行的。尽管语言早就脱离了与感官存在的联系,尽管它已经提升到纯粹的智力和抽象概念的层面,但是它身上仍然保留着隐喻和直观的特征。语言力求给概念一个实体,并通过确定的有形特征来把握它。而思维"不仅运用语言提供给它的现成的

---

[1] Linnaeus, *Philosophia Botanica*, translated by Stephen Freer, Oxford University Press, Oxford, New York, 2003, p.169.
[2] [德]卡西尔:《人论》,第330页。
[3] [德]卡西尔:《人论》,第330页。
[4] 《列宁选集》(第1卷),人民出版社1972年版,第10页。
[5] [德]卡西尔:《人论》,第330页。

符号,而且一旦思想进入一种新的形式,它就会给自己提供适当的符号。而这些纯粹的'概念符号'与语言词汇的区别恰恰在于它们没有直观性的次要意义,它们不再带有任何感性个别的色彩"。[1]语言在由人类蒙昧到去蔽的道路上起到了无与伦比的作用,"正是人类语言,首先克服了对给定的直接性和当前感性的限制,进入了空间和时间的距离,从而成为所有概念思维的开始。"[2]但是由于人的主体性的加强,语言已经不能满足人们对必然性和普遍性的追求,"长期以来思维所依赖的语言的'载体'无法再承载它了——现在精神感觉足够强大,可以冒险将自己载到一个新的目标。"[3]由此之后,一种新的语言——数的语言在毕达哥拉斯学派中出现了。卡西尔指出,"从空间的概念到时间的概念,再从这二者到数字的概念的过程中,我们似乎把直观的世界变得更加完整了,同时又被指向超越它的事物。有形的形式的世界似乎正在消退,取而代之的是一个新的世界:一个智性原则的世界。从这个意义上说,数的'本质'是由其真正的哲学和科学发现者毕达哥拉斯学派

---

[1] Ernst Cassirer, *The Philosophy of Symbolic Forms*, (Vol.3), *The Phenomenology of Knowledge*, Translated by Ralph Manheim. Yale University Press, 1957, p.338.

[2] Ernst Cassirer, *The Philosophy of Symbolic Forms*, (Vol.3), *The Phenomenology of Knowledge*, Translated by Ralph Manheim. Yale University Press, 1957, p.340.

[3] Ernst Cassirer, *The Philosophy of Symbolic Forms*, (Vol.3), *The Phenomenology of Knowledge*, Translated by Ralph Manheim. Yale University Press, 1957, p.341.

决定的。普罗克鲁斯(Proclus)指出,毕达哥拉斯首先将几何学提升到一门自由科学的水平,通过演绎的方法得出其原理,并用非物质和纯理性的术语表达其定理。从那时起,毕达哥拉斯学派的第一位创始人在科学数学上所铭刻的普遍趋势得到了进一步加强和深化。通过柏拉图、笛卡尔和莱布尼茨,它被传授给了现代数学。越来越清楚的是,致力于数学概念基础的工作转向了这个中心点。并且19世纪的数学家越来越努力地将数的概念作为一种逻辑上的自主形式。戴德金(Dedekind)、罗素、弗雷格和希尔伯特沿着不同的道路追求这一目标。"[1]卡西尔借用罗素的说法:"逻辑和数学的区别就像男孩和男人的区别一样;逻辑是数学的青春,数学是逻辑的成年。"[2]所以,"无论从历史还是从系统的角度看,数的概念在纯粹科学所有基本概念中都居于首位。"[3]它标志着近代科学概念的真正开始。

与其他语言相比,数的语言表现得更为一般性和抽象性。但即便如此,数的概念的进化与空间直观、时间直观以及语言的发展密切关联。卡西尔指出:"只有数作为一种语言标记(verbal sign)的形式,才能打开理解其纯粹概念本质的道路。

---

[1] Ernst Cassirer, *The Philosophy of Symbolic Forms*, (Vol.1), *Language*, Yale University Press, 1955, p.226-227.

[2] Ernst Cassirer, *The Problem of Knowledge*, trans. William H. Woglom and Charles W. Hendel, New Haven: Yale University Press, 1950, p.58.

[3] [德]卡西尔:《实体与功能和爱因斯坦的相对论》,李艳会译,湖北科学技术出版社2016年版,第31页。

因此,语言所创造的数的符号是纯数学'数'的先决条件"。[①]人类早期的数的概念并非完全抽象,而是与身体、直观和经验紧密相连的。卡西尔在《符号形式的哲学》第一卷《语言》中指出,数的分化,如同空间关系的分化一样,是从人体及其各部分开始,进而延伸到感觉和直观的整个世界中的。所有的数字概念在成为语言概念之前纯粹是模仿手的概念或其他身体的概念。人在计数时候的手势在某种意义上总是与计数这个意义以及实体相结合。例如,埃维人(Ewe)、努巴人(Nuba)或巴克里族(Bakairi)在计数的时候,往往需要身体的某些部分或某种实体对象的参与。他们常常伸出手指,先数自己左、右手的手指,然后或将它们握成拳头,或手里面攥上几粒粮食继续计数。所以计数是与身体的部分或身体的感觉相关的活动。"因此,数字与其说是表示对象的客观属性或关系,不如说是对身体计数的特定指示。"[②]例如,数字"5"的意思是"尽在掌握","6"的意思是"跳跃",即从一只手跳到另一只手。因此,数不仅与空间位置和时间顺序相关,而且关联了某物的本质和特征。"如'2+1=3'的命题不只表示定义,而且表示了一个经验事实,我们的空间知觉到目前为止都总是以相同方式来表达这个事实。看到3个按照一定方式排列的事物时,例如OOO,我们总是能够把它们分为OO,O这种部分群。3个

[①] Ernst Cassirer, *The Philosophy of Symbolic Forms*, (Vol.1), *Language*, Yale University Press, 1955, p.227.

[②] Ernst Cassirer, *The Philosophy of Symbolic Forms*, (Vol.1), *Language*, Yale University Press, 1955, p.230.

卵石在分成 2 堆时,给我们的感官印象与它们堆成一堆时不同。所以,说第一种情况中的知觉总可以单单通过对其部分进行空间重排而变换成第二种知觉的断言,并不是一句废话,而是一个从先前经验中归纳出的真理,这个真理持续被验证。这种真理构成了数科学的基础。"[①] 尽管原始计数法的弱点是显而易见的,它尚未按照精神的原则自由地创造出秩序,而仅仅是一种被动的从给定的事物或从自己的身体中获得秩序,但是这也体现出从自发性到自觉性的显著特征。从直观表象的数,发展到具有逻辑关系的序数的数,再发展到具有类的概念的数,人类精神由此达到了关于数的智性原则。因此,在卡西尔看来,数的概念并非逻辑发展的结果,而是人类行为的结果。如果没有数,事物的本身和它们之间的联系都是不可理解的。反之,正因为和数的概念的联系,对概念形成的意义和价值的认识才得以发展。

自毕达哥拉斯学派创立了第一个数的哲学,用数为宇宙提供了一个概念模型之后,数量和形状决定了一切自然物体的形式,数被设想为一种无所不包的真正普遍的要素,他们将数的用处和功能扩展到存在的各个领域中:"开头他们认为数是由单位点或者质点所形成的几何、物质和算术的实体。他们把这类单位点安排在各种几何图形的角上,称它们为三角形数、平方数、等等。这样,在毕达哥拉斯派看来,数不但有量的多寡,而且也有几何形状,而且他们就是在这个意义上把数

---

① [德]卡西尔:《实体与功能和爱因斯坦的相对论》,李艳会译,湖北科学技术出版社 2016 年版,第 32 页。

理解为自然物体的形式和形象。"[1]除了几何学和天文学外,数在音乐和绘画的美中被认识,这一学派认为,人间的音乐最好地体现了数学规律,音调的和谐的美可以还原为一种简单的数的比例,音调的特点是弦的长短决定,八度音程是1∶2,四度音程为3∶4,五度音程为2∶3。他们对天体运动也做了美学的解释,提出了著名的"天体音乐"或"宇宙和谐"的学说。正是数向我们揭示了宇宙秩序的结构,使我们在蒙蔽昏暗的世界中发现了一个可以理解的宇宙。

三、关系:数学的新工具

尽管毕达哥拉斯的数的发现奠定了科学的基础,但是当他们发现直角三角形的"不可公度数"问题,即不能用同一单位计量长度之后,古希腊数学陷入了困境。这种矛盾和困境在柏拉图的对话中有很清楚的表现。在《国家篇》中,柏拉图讲道:"同一样东西从远处看和从近处看,在人的眼睛里显得不一样大。……同一事物在水里看和在水面上看曲直不同,或者说由于视觉对颜色产生同样的错误。"[2]这种"好像比较大""好像比较小"等在视觉上产生的错觉根源是缺乏"度量的知识"(Knowledge of measurement),而补救的方法则是"测

---

[1] [英]斯蒂芬・F.梅森:《自然科学史》,周煦良、全增嘏等译,上海译文出版社1980年版,第19页。
[2] [古希腊]柏拉图:《柏拉图全集》(第二卷),王晓朝译,人民出版社2002年版,第624页。

量、计数和称重",因为计量是"灵魂理性部分的功能"。① 事实上,数学的测量原理带来了理智控制的要素,与感觉相比,它存在更大的确定性和秩序性。而缺乏度量的知识和公度数则引发人的错觉和其他领域的混乱,"在算术和几何之间,在不连续的数的领域之间,不再有真正的和谐。"②

科学史中如何解决这种混乱和不和谐呢?卡西尔提出当时的最新成就之一,即一种数学连续统的逻辑理论。这种理论的逻辑前提是要"通过一个'有限的简单思维步骤系统',来确定数字的所有规定性,同时又诉诸任何可感知客体或依赖任何具体可测量的量"。③卡西尔认为,数学找到这种新的工具的目的是"填补整数与在时空连续统中的物理事件世界之间的裂缝"。④即之前的无法确定的整数和整数之间的比例借由引入了新的符号而成为可以理解的。它并非一个新的物体,而是新的符号,不是对具体事物、物理对象的描述和反映,而是表述关系。由之数的自然领域扩大到更加广泛的范围。"这种新的数不是简单关系的符号,而是'关系的关系'的符号,'关系的关系的关系'的符号。"⑤在康德的《纯粹理性批判》中可以清楚地获知,我们对知识的理解只限于关系。戴德金

---

① [古希腊]柏拉图:《柏拉图全集》(第二卷),王晓朝译,人民出版社2002年版,第624页。
② [德]卡西尔:《人论》,第335页。
③ [德]卡西尔:《实体与功能和爱因斯坦的相对论》,李艳会译,湖北科学技术出版社2016年版,第40页。
④ [德]卡西尔:《人论》,第336页。
⑤ [德]卡西尔:《人论》,第336页。

说:"如果去看我们对一组事物进行计数时做了什么,我们将被代入这样的认识:大脑有把一个事物与另一个事物联系、对应起来的能力,能让一件事物复制另外一种事物,总之,如果没有这种能力,大脑就不可能会思考。无可避免地,这是整个数字科学立足的根基。"[①]这种数的符号语言需要的不是数的本性和本质的变化,而是意义的变化。我们所感兴趣的不是数字概念本身而是将其当作纯粹的"功能性"概念来了解,不需要详细地追溯这种思想的数学发展,而是尽可能满足于强调它的基本趋势。如此,秩序的产生不在于元素本身,而是把元素联系起来的序列关系。这种序列关系又涉及递进概念,即,"一个序列,它有个第一项,并且受某个前进法则的支配,在该法则下,每一项都紧随着下一项,前后两项由一个清晰的、可传递的不对称关系相连结,这个关系贯穿整个做如此'累进'的序列。……算术的所有命题所定义的所有运算,都只和累进序列的一般特性相关。"[②]这可以被认为是数科学基本方法的优点,这种递进顺序不再关系某个递进联系的元素是"什么",而是考虑这个联系是"怎样的"。因此卡西尔指出:"在罗素对数学原理的论述中,关系的概念逐渐在逻辑上超越了类的概念。在罗素 1903 年出版的《原理》中,'关系类型是讨论的真正主题,……关系的逻辑比类或命题对数学的影响

[①] 转引自[德]卡西尔:《实体与功能和爱因斯坦的相对论》,李艳会译,湖北科学技术出版社 2016 年版,第 40 页。

[②] [德]卡西尔:《实体与功能和爱因斯坦的相对论》,李艳会译,湖北科学技术出版社 2016 年版,第 43 页。

更直接,任何理论上正确和充分的数学真理表达都只能通过它的手段来实现。"①所以,数是功能性和关系性的存在,它是相对的而非绝对的,它存在于系统之中,单个数字的概念性"存在"逐渐消失在功能之中,"一个单个数只是一个一般的系统序列中的一个单个位置而已。"②并且它的意义也由整个数列中所占的位置决定,数表示出一种生成关系,而非本体论的存在。由此,数成为一种新的符号语言,是功能强大的符号体系,"对一切科学的目的来说,这种符号体系比言语的符号体系具有无比的优越性。因为我们在这里所发现的不再是孤立的语词,而是按照完全相同的基本程序而排列起来的项,因此,它向我们展示了一种清晰而明确的结构法则。"③通过数,知识的普遍性的理想获得了更加明确的形式,并在这种形式中得到了充分清晰的定义。

四、数和关系的概念在各门科学中的运用

以上这种数和关系的概念不仅对数学概念的整个形成过程具有决定性意义,同时也对其他科学门类的发展起到关键性的作用。在几何学领域,笛卡尔的《方法论》中所表示的思

---

① Ernst Cassirer, *The Philosophy of Symbolic Forms*, (Vol.3), *The Phenomenology of Knowledge*, Translated by Ralph Manheim, Yale University Press, 1957, p.293.
② [德]卡西尔:《人论》,第333页。
③ [德]卡西尔:《人论》,第334页。

想可以表述为:所有理性知识的第一条法则就是对认知进行一定的安排,以使它们构成一个独立的序列,在这个序列中没有不经中介的转变。没有一个项可以作为一个全新的元素被引入进来,但是每一项都必须按照一定的规则从前一项中一步步地迸发。现代几何学知识的获得就是让所有的对象根据一个给定的过程建设性地生成,从严格的意义上讲,如果把特定的项目当作孤立的对象研究时,就不存在几何知识。"从此以后几何学的语言不再是一种特殊的方言了,它成了一种远为普泛的语言——普遍的数学——的一部分。"[1]尽管卡西尔认为,笛卡尔试图将这种方法延伸到物质和运动的物理学世界中,并发展数学物理学的企图失败了,但是他的基本哲学目标是正确的,即"物理学的各分支都趋向于同一个目标——力图使整个自然现象的世界都处于数的管辖之下"。[2]古希腊原子论的创立者德谟克利特的原子结构是经验性和形象性的,这种原子图像和我们宏观世界的普遍的物体相似。原子之间的连结也是物质性的。而玻尔的原子模型则做了转换,他摒弃了形象化的语言而采用了毕达哥拉斯的数的语言,这种语言所得到的结果是决定性的:"数的纯粹符号体系取代并且取消了日常言语的符号体系。不仅是宏观宇宙而且连微观宇宙——原子内部现象的世界——现在都不可能用这种语言来描述。这已被证明是开启了一种全新的系统解释。"[3]整体联

---

[1] [德]卡西尔:《人论》,第337页。
[2] [德]卡西尔:《人论》,第337页。
[3] [德]卡西尔:《人论》,第338页。

系、多样性的统一、秩序与和谐是这一系统的特征。

化学史显著地呈现出科学语言变化的过程。化学一度呈现出的是原始资料庞杂,但规范这些庞杂的资料使其结构化和秩序化的形式缺乏的状态。卡西尔说:"与其说科学的真正成就在于使人类理智得以探究新的客观内容,不如说它归于人类理智以新的功能……其意义超出了单纯的认识材料的增长和扩展……而在于理智现在意识到自身中有一种新的力量……光有认识材料的大量积累将是无济于事的,如果这些认识材料不能被重新加以提炼和集中,那么它们的积累只能把理智引向真空,而理智的真正性质恰恰在于把认识材料加以提炼。"[1]炼金术士采用的语言是意义含混的半神话式的,充满了隐喻和寓言。如他们往往不是使用物质的常用名,而是为了保密和匿名起见使用另一个词,这个词通常与所指的物质有某种字面上的或隐喻性的关联。[2] 语言的含混带来了概念和性质的含混,"自然界成了由各种晦涩难懂的性质构成的领域,只有那些领受其秘诀的行家才能理解它。"[3] 17 世纪波义耳的《怀疑的化学家》的出现才标志着解决化学问题的真正方法的出现,它对自然和自然规律的探索以新的一般概念为基础,令人难以捉摸或故弄玄虚的东西减少了,它的出现成为近代化

---

[1] [德]卡西尔:《启蒙哲学》,顾伟铭译,山东人民出版社 1988 年版,第 34—35 页。
[2] [美]劳伦斯·普林西比:《炼金术的秘密》,张卜天译,商务印书馆 2019 年版,第 22 页。
[3] [德]卡西尔:《人论》,第 339 页。

学理想的第一个伟大的范例。牛津大学化学教授约瑟夫·弗莱恩德(Joseph Freind)在1712年写道:"在阐述实验技艺方面,没有人比得上波义耳先生,……但与其说他为化学奠定了新基础,不如说他推翻了旧基础。"[1] 18世纪初,人们尚未充分意识到重量测量在化学中所起到的决定性的作用,大量活动集中在燃烧、煅烧和呼吸灯相互关联的关键过程中,燃素理论的出现是化学史上的一个重要环节。燃素理论包含了古代传统的本质性特征,认为物体燃烧时会有某种物质释放出来,力图以火焰的形式逃脱。但是我们在燃素说的发展中发现的只是对化学过程的定性描述。19世纪的拉瓦锡面对之前化学出现的复杂混乱的局面,思考如何将其变得井然有序,他开始在化学中使用定量的语言。1803年,道尔顿测定出碳与氧的质量比分别为 5.4∶7 和 5.4∶14。他1803年创立了"倍比定律",从此,"一条新的道路对化学打开了。数的权力牢固地树立起来了。"[2]从而人们对化学元素的概念更加清晰。元素周期律的发现使得化学的系统秩序完美地显示出来,周期表中的位置不仅反映了元素的原子结构,也显示了元素性质的递变规律和元素之间的内在联系。每一个元素都在一个首尾一致的体系中找到自己的位置,从而组成了一个完整的自然体系。"根据周期律,就有可能预言未知的元素并且依次地发现

---

[1] [英]赫伯特·巴特菲尔德:《现代科学的起源》,张卜天译,上海交通大学出版社2017年版,第151页。

[2] [德]卡西尔:《人论》,第339页。

它们。这样，化学就获得了一种数学的和演绎的结构。"[1]

科学的发展一般都经过自然史阶段和在假说的基础上已经成立的阶段。前者的概念由考察得出，其意义是由某种直接认识到的东西所给予的。而后者的概念则由假说得来，其意义则由包含它的那个演绎理论的诸假说所规定。科学的进步需要新的思维工具，这种工具将"我们的观察资料归属到一个秩序井然的符号系统中去，以便使它们相互间系统连贯起来并能用科学的概念来解释"。[2] 数的理论在建立关系图式、提供基本假说和可能性、形成严密性和系统性的工作方面具有决定性的作用。所以，卡西尔认为，在数学的全部历史中，很少有像发现了各种形式的非欧几何学这样的事件对数学的形成和发展有如此直接和决定性的重要性。高斯作为这一领域的先驱，似乎早在19世纪初就掌握了数学的所有基本概念，但他小心翼翼地保守着自己的秘密，因为他并不希冀这种新问题能得到理解。而到了19世纪的头三十年，出现了洛巴切夫斯基(Lobachevski)和年轻的约翰·博莱耶(John Bolyai)的作品。但只有黎曼(Riemann)在其1854年已经写成而在1868年才发表的《论几何学的基本假设》(*On the Hypotheses Unerlying Geometry*)才真正暗示了数学革命的到来。因为"黎曼谈到了'假设'(hypotheses)，而他的前辈们谈到了'公理'(axioms)。……'空间维度的内在原理'的问题只能从一个已经被经验证实的解释开始了，而牛顿已经奠定了基础，然

---

[1] [德]卡西尔:《人论》,第340页。
[2] [德]卡西尔:《人论》,第341页。

后,由事实无法解释的事实推动,并逐渐适应。……这一观点似乎彻底改变了数学的整体特征,几个世纪以来一直被视为永恒真理最高范例的公理现在似乎属于一种完全不同的知识。用莱布尼茨的话说,'永恒的真理'显然已经变成了'事实的真相'。"[1]所以卡西尔说:"数是发现自然与实在的一种工具。"[2]它也是先于任何实际和具体应用的思想框架,黎曼几何当初只被看作纯粹的逻辑可能性,但是它被运用在爱因斯坦的广义相对论中成为其思想的工具。所以在科学中,我们只有借助数这种思维符号的力量才能对无穷无尽的自然及其他的进展进行解释。因此,"科学所需要的不是形而上学的决定论而是一种方法论的决定论。"[3]数被看作一种特殊的获取知识的工具,在数学、量子力学、物理学中都逐渐出现了"算术化"倾向,"科学家根据这样的原则行事:即使在最复杂的情况下,他最后也必须成功地发现一种适当的符号体系,使他能够用一种普遍的大家都能理解的语言来描述他观察到的现象。"[4]科学家采用数这样的工具,使得自己的工作更具逻辑的严密性和体系的统一性,也更具有理论性和创造性。科学家的工作必须严格地服从自然的事实,但是他们并非被动地顺从,而是创造性地建构。这是科学发展的要求,也是人在利用

---

[1] Ernst Cassirer, *The Problem of Knowledge*, trans. William H. Woglom and Charles W. Hendel, New Haven: Yale University Press, 1950, p.21 - 22.
[2] [德]卡西尔:《人论》,第343页。
[3] [德]卡西尔:《人论》,第344页。
[4] [德]卡西尔:《人论》,第345页。

语言、宗教、艺术这些符号形式来建造自己的宇宙的必然要求。

总之,科学是卡西尔符号体系最典型的表现形式,科学的语言是数和关系,它构成了可能性和预见性,也表现为逻辑化、普遍性、一般性、系统化、建构和统一的能力。符号不是一个本体论的概念,而是认识论和功能论的概念。它是工具,是功能,是生命力的构建,是不停地将经验的世界组织和形构的过程,也是对自我的有限性的不断超越。正如卡西尔所说:"科学知识在它自己的领域内确证并实现了人类精神的普遍结构法则。它越是专注于自己,就越能清楚地把握自己的本性和付出,就越明显地表现出它与世界上一切其他形式的不同之处,以及它与它们之间的联系的意义。"[①]

[①] Ernst Cassirer, *The Philosophy of Symbolic Forms*, (Vol.3), *The Phenomenology of Knowledge*, translated by Ralph Manheim. New Haven: Yale University Press, 1957. p.479.

结　语

伽达默尔对卡西尔评价道:"在我们的时代,恩斯特·卡西尔把新康德主义狭窄的出发点,即科学事实,扩展成一种符号形式的哲学,它不仅包括自然科学和人文研究,而且为全部人类文化活动提供了一种先验的基础。"[①]卡西尔并非从实在性和物质性来考察文化,而是考察诸文化的前提和构成原则。对卡西尔来说,寻找神话、语言、艺术、历史、宗教等系统的独特构造和语法规则,探求它们如何使混乱的知觉变得有序,是他倾力为之的事业。只有通过符号形式的力量,真正的事物才能成为被智慧所理解的客体。而对于人类心灵来说,只有某些特定形式的东西才是可见的。卡西尔力图将康德的先验认知图式推及到对文化的认知中,试图找到文化的结构范式和规则。这种结构形式的思想推及到卡西尔思想的每一方面,他将这种探究命名为"语法"的探究。他说:"不仅存在着科学的语法,而且还存在着艺术的语法,神话的和宗教思维的语法。……我们必须不再把语法看作我们在学校所学的那种枯燥乏味的东西,……而应看作是对活生生的思维和表达形

---

① [德]汉斯-格奥尔格·伽达默尔:《哲学解释学》,夏镇平等译,上海译文出版社2004年版,第78页。

式的探究。"①为了说明这一问题,卡西尔提出请大家浏览一下德国瓦尔堡研究所图书馆的书籍分类方式。瓦尔堡图书馆的书籍分类方式是耐人寻味的,这对卡西尔文化哲学思想的形成和发展有很大影响。瓦尔堡图书馆的藏书风格体现了一种理念,即书籍不仅是研究问题的工具,集合在一起的书籍还表现人类思想的常态及其不断变化的各个方面。图书摆放看似无序,但相互之间联系紧密,仿佛构建了人类思维发展的脉络图,从中可以探寻思维和精神的结构特征。图书馆的书分为四层。第一层是关于一般的表达问题和符号的本质的书籍,其意旨是从人类学到宗教再从宗教到哲学。第二层是有关艺术表现的理论和历史的书籍。第三层是语言和文献学。第四层是人类生活的社会形式——历史、法律、民族等方面的书籍。书的编排方式揭示了人类由图像(艺术)到语词(语言)再到意义(宗教、科学、哲学)的思想—文化历程。② 这种排列方式被称为"好邻居"原则,根据这一原则,学科和时代差异很大的图书都可能摆放在一起,如化学基础著作的邻居是炼金术著作,古代占卜书籍放在了占星术和现代代数论文的旁边,因为这些书中存在着某种亲缘关系和相互影响的作用,也是思维统一性原则的再现。所以,"瓦尔堡图书馆的基础不仅在内

---

① [德]卡西尔:《符号·神话·文化》,李小兵译,东方出版社1988年版,第29页译者注。
② [德]卡西尔:《符号·神话·文化》,李小兵译,东方出版社1988年版,第33页。

容上,而且在形式上都精确吻合了卡西尔符号哲学的基础。"①卡西尔受益于瓦尔堡图书馆的藏书和其给予他的思维方法论的启发,1926年6月在致瓦尔堡的信中,卡西尔深沉地表达了对瓦尔堡图书馆的感激之情:"在它的组织和它的知识结构中,图书馆体现了所有领域的方法论的统一性和思想史的发展趋势。……这个图书馆对于我们多么地重要,我们的诸多成绩应归功于它。"②

总之,卡西尔思想以其符号性、系统性、构形性获得了蓬勃的生命力。符号性所生发出来的可能性、建构性、不确定性和理想性是人的状态,是文化的状态,因而用符号来指称人与文化的特征,再恰切不过。符号是事实与理想、现实性与可能性、在与非在、先验与经验、感性与理性的一个中间地带。理论的发展并非仅是物质世界和实体世界的发展,更是符号世界的发展,它是第二阶的,包含着人的主体性所能造就的想象、抽象、生成、建构、超越的特征。让我们用卡西尔在1929年与海德格尔的达沃斯论辩(The Davos Debate)中的一段话来结束这篇《人论》的导读并表达对他的敬意。当海德格尔提出"人类走哪条路可以达到无限性? 人类能够以什么样的方式分有无限性?"时,卡西尔回答道:

---

① [德]沃尔夫拉姆·艾伦伯格:《魔术师时代:哲学的黄金十年(1919—1929)》,林灵娜译,上海文艺出版社2019年版,第160页。
② Ernst Cassirer, *The Individual and the Cosmos in Renaissance Philosophy*, Translated with an Introduction by Mario Domandi, Dover Publications, Inc. Mineola, New York, 2000, p.xii.

无非是通过形式的媒介。人将他的此在转变为形式,也就是说,人现在必然对将所有在人类中经历的一切移置到某种客观形态中,在此客观形态中将自身客观化,以至于自己虽然无法彻底从出发点的有限性中获得自由(因为这还和人自己的有限性相关),但是以人类从有限性中成长出来的方式,有限性就会引出去某种新的东西——这新的东西便是固有的无限性。由此,形式的功能就是可以使人类达到无限性。……而精神的王国并不是某种形而上学的王国:真正的精神王国恰恰是由他(人类)本身创造的精神世界。人类能够创造精神世界,这就是人类无限性的印记。①

---

① [德]沃尔夫拉姆·艾伦伯格:《魔术师时代——哲学的黄金十年:1919—1929》,林灵娜译,上海文艺出版社2019年版,第397—398页。

$\int$